SARAH M. KEMPEN

VALENTINA AMOR

LOVE IS IN THE AIR

(oder woanders)

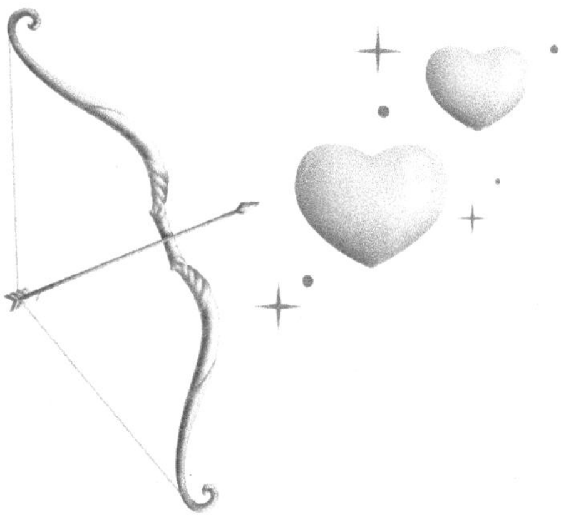

SCHNEIDERBUCH

Bisher bei Schneiderbuch erschienen:
Valentina Amor. All you need is love (oder so) (Band 1)
Valentina Amor. Love is in the air (oder woanders) (Band 2)

1. Auflage 2024
Originalausgabe

Dieses Werk wurde vermittelt durch
Paula Peretti Literarische Agentur
Covergestaltung und Vignetten: Carolin Liepins
unter Verwendung von Motiven von Shutterstock
Gesetzt aus der Arno
von GGP Media GmbH, Pößneck
Druck und Bindung: GGP Media GmbH, Pößneck
Printed in Germany · ISBN 978-3-505-15217-7

www.schneiderbuch.de
Facebook: facebook.de/schneiderbuch
Instagram: @schneiderbuchverlag

Für ANNIKA,
weil deine Reise zum Liebes-Happy-End
einem Film gleicht, dessen Drehbuch ich nicht
besser hätte schreiben können.
Eure Liebesgöttin hat wohl genauso viele
Liebesfilme geguckt wie Valentina.

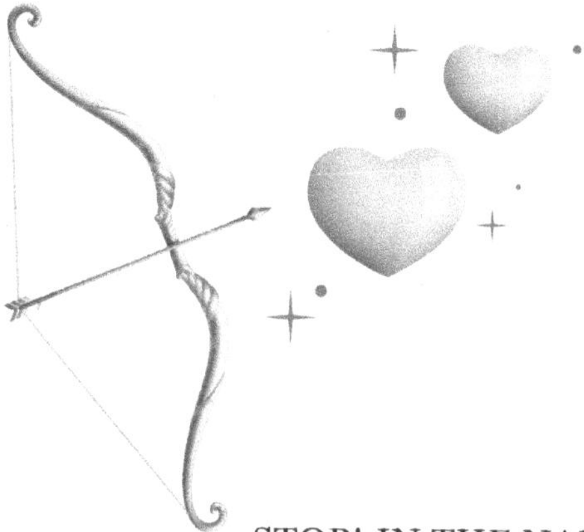

Kapitel 1

STOP! IN THE NAME OF LOVE

Der Pfeil lag so perfekt im Bogen, wie noch nie ein Pfeil in einem Bogen gelegen hatte. Die Sehne gerade genug gespannt, die herzförmige Pfeilspitze fest auf mein Ziel gerichtet. Gleich würde das Mädchen, auf das ich es abgesehen hatte, überwältigende Liebe für den Jungen direkt neben ihr empfinden. Der perfekte Schuss für die perfekte Liebe. Ich war einfach ein Naturtalent. Valentina, Tochter von Amor, geborene Nachwuchsliebesgöttin (nun endlich in Ausbildung), talentierteste Bogenschützin weit und breit. Ich nahm einen tiefen Atemzug, ließ die Liebesmagie in meine Finger fließen und …

»Du hältst ihn falsch!«

Tätärätä, da war er auch schon wieder vorbei, der wunderschöne Moment, durchbrochen von der wohl nervigsten

Person, die je den Olymp bewohnt hatte – Star, dem Sohn des Hermes. Seit vier Wochen hatte ich ihn nun an der Backe. Und seit vier Wochen hatte er immer etwas zu meckern. Das kannte ich schon. Auf keinen Fall würde ich mich von meiner Mission ablenken lassen. Ich musste konzentriert bleiben. Aber da leider der bloße Klang dieser überheblichen Stimme den Wunsch in mir erweckte, alles kurz und klein zu schlagen, war an einen ruhigen Bogenschuss nicht mehr zu denken. Ich nahm den Pfeil runter und sah auf.

»Ich halte ihn nicht falsch!«

Star schüttelte den Kopf, sodass die schwarzen Strubbelhaare ihm nicht mehr in die blauen Augen fielen. Jemand sollte ihm mal sagen, dass diese Boybandfrisur seit ungefähr fünf Ewigkeiten out war.

»Also wolltest du das da treffen?« Er deutete auf das gewölbte Dach über den Fahrradständern der Schule, circa zwei Grad östlich und ein Meter hinter dem Mädchen.

Meine Lust, alles zu zerschlagen, verwandelte sich jetzt in den Drang, alles anzuzünden. Am besten ihn. »Quatsch, das hätte ich nie getroffen.«

Seine Augenbrauen wanderten skeptisch nach oben. »Zeig noch mal, wie du schießen wolltest.«

So eine Frechheit! Was fiel ihm ein, mich wie ein Kleinkind zu behandeln, das noch nie einen Bogen gehalten hatte?! Mit erhobenem Kopf nahm ich meine Schussposition wieder ein – nur, um Star zu beweisen, wie absolut daneben er lag.

»Zufrieden? Keine Chance, dass der Pfeil das Dach trifft. Ich bin doch nicht so blöd und schieß auf was, das den Pfeil zerbrechen könnte!« Nachdem mich so ein Fehler bei meiner Aufnahmeprüfung vor ein paar Wochen fast die Ausbildung zur Liebesgöttin gekostet hätte, passierte mir das bestimmt nicht noch mal.

Star ging um mich herum – nein, eigentlich flog er. Als wollte er zu jeder Sekunde zeigen, dass er als Sohn des Götterboten Hermes voll toll mit seinen geflügelten Skaterschuhen fliegen konnte. Als würde irgendwer von uns das jemals vergessen!

»Du hast recht«, sagte er.

Wie bitte, was? War das etwa ein Eingeständnis?

»Äh, danke. Ich weiß. Sag ich doch!« Ich streckte selbstbewusst die Brust raus.

Star verschränkte die Arme. »Ja, so zerbricht dir der Pfeil auf keinen Fall. Er würde nur zurückgeschleudert werden und dich selbst treffen. Was noch viel schlimmer ist.«

Dieser elende Klugscheißer!

»So ein Blödsinn! Pfeile prallen nicht von Metalldächern ab.«

»Aus dem Winkel schon.«

»Das sagst du nur, weil du es besser wissen willst.«

»Ich weiß es ja auch besser!«

»Tust du nicht.«

»Dann schieß und schau, was passiert.«

Star sah mich auffordernd an. Irgendwo in meinem Kopf sagte eine sehr leise, sehr vernünftige Stimme, dass das bescheuert war und ich es doch einfach gut sein lassen sollte. Die Klügere gibt nach und so. Aber ich wollte nicht die Klügere sein. Ich wollte recht haben. Also rief ich: »Okay, mach ich!« Und ließ den Pfeil los.

Star keuchte erschrocken auf. »Valentina!«

Er hatte wohl nicht damit gerechnet, dass ich das wirklich durchzog. Punkt für mich. Und dafür, dass ich so sauer war, hatte ich den Pfeil mit ziemlich ruhiger Hand abgeschossen. Er traf tatsächlich das vorhergesagte Ziel. Nur, dass dieses halt nicht das Mädchen war, sondern tatsächlich das Metalldach.

Mit einem KLONK prallte der Pfeil ab – und sauste mit Karacho zu mir zurück. So schnell, dass ich mich mit einem Kreischen auf den Boden warf, um nicht erwischt zu werden.

Nur knapp über mir sauste der Pfeil ins Nimmerwiedersehen davon, und ich verfluchte mich, weil ich den später würde einsammeln müssen. Aber getroffen zu werden, wäre noch schlimmer gewesen – dann hätte anstelle des Mädchens nämlich *ich* mich in den Jungen verliebt.

Star, der in die andere Richtung – also nach oben – geflohen war, landete wieder neben mir. »Siehst du! Du wärst wesentlich effizienter, wenn du einfach akzeptieren würdest, dass ich recht habe und du so gut wie nie.«

Ich rappelte mich auf. »Wegen dir hab ich den Pfeil verloren!«, knurrte ich. Zum Glück hatten wir diesmal mehr als zwei zur Verfügung, anders als noch bei meiner ersten Prüfung. Aber trotzdem war es ärgerlich. Die Dinger wuchsen ja nicht auf Bäumen (also, eigentlich natürlich schon, sie waren schließlich aus Holz, aber eben aus göttlichem, und das war ziemlich selten).

»Ich dachte nicht, dass du das wirklich machst«, gab Star trocken zu. Er deutete auf das Mädchen. »Vor allem, weil *ich* Mimi verlieben muss und nicht du!«

Oh, darum ging es ihm also?

»Entschuldige mal, wir haben beide diese Mission!«

Zunächst war es Stars Aufgabe gewesen, mir über die Schulter zu gucken und meine Ausbildung zu überwachen. Und das hatte er auch mit Genuss getan – was gab es für einen Besserwisser wie ihn Schöneres, als jemanden bei jedem Kleinkram zu korrigieren? Und dann auch noch auf offizielle Anweisung von Aphrodite? Aber nachdem ich zwei weitere Verliebungsaufträge ohne größere Probleme ausgeführt hatte – was Star natürlich sich und seinem unfehlbaren Weisungstalent zuschrieb –, hatte Aphrodite beschlossen, dass er wieder aktiv werden musste. Immerhin war er ebenfalls noch ein Liebesgott in Ausbildung.

Und somit war sie auf die grandiose Idee gekommen, uns ein gemeinsames Zielobjekt zu geben: Mimi.

Star war jetzt so aufgebracht, dass er sogar vergaß, rumzuflügeln. »Aber Mimi ist ja wohl so was von *mein* Aufgabengebiet.« Er hielt mir sein Handy unter die Nase und scrollte so rasant durch fünftausend Social-Media-Posts, Videos und Onlinebeiträge, dass mir ganz schwindelig wurde. In allen strahlte Mimi mich an, mit ihrem schwarzen Lidstrich und dem perfekten Afro, die zu ihren Markenzeichen gehörten. »Neuer Superstar am Pophimmel? Gewinnerin der Castingshow *Best Teenage Voice*? Definitiv ein Promi, definitiv mein Expertengebiet!«

Star hatte sich darauf eingeschossen, der Gott der Fanliebe zu werden, also zuständig für die Liebe zwischen Promis und ihren Fans. Und Mimi war wirklich richtig berühmt, seit sie vor Kurzem diese Fernsehcastingshow gewonnen und ihre erste Single die Charts gestürmt hatte. In der Schule gab es kein anderes Thema als sie, und ständig lagerten Fans vor dem Schulgebäude. Es war ein bisschen gruselig.

Allerdings war Star nicht der Einzige, der eine Götterspezialisierung anstrebte. Auch ich hatte bei der ganzen Sache noch ein Wörtchen mitzureden.

»Zuerst einmal ist Mimi eine Jugendliche, die noch nie verliebt war. Es geht hier also um ihre erste Liebe. Und *das* ist ja wohl *mein* Spezialgebiet.« Oder sollte es zumindest werden. Valentina, die Göttin der ersten Liebe. Deshalb hatte mir Aphrodite diese Schule als Einsatzgebiet zugewiesen. Sollte Star sich doch wieder um irgendwelche erwachsenen Promis kümmern, statt auf meiner Spielwiese rumzupfuschen!

Star stöhnte und deutete auf den blonden Jungen neben Mimi. »Warum verliebst du nicht Felix, und ich verliebe Mimi? Dann verschießen wir beide einen Pfeil.«

Wir hatten die letzten Tage damit verbracht, genaustens zu recherchieren, was Mimi mochte, und waren zu dem Schluss gekommen, dass Felix ein gutes Match für sie wäre. Er war zwar absolut nicht mein Geschmack von Typ – zu arrogant, zu egoistisch –, aber zu Mimi könnte er passen. Sie standen beide auf Musik und hatten kein Problem damit, etwas Peinliches zu tun. Beide waren selbstbewusst. Mutig. Wussten, was sie wollten. Nahmen kein Blatt vor den Mund. Sie waren Topf und Deckel! Stars selbst designte Liebesgötter-App hatte außerdem analysiert, dass Mimi und Felix eine Kompatibilitätsgarantie von 99 % hatten. Das war ein gutes Ergebnis, auch wenn mich sein blöder Technikschnickschnack sonst echt nervte.

»Aber Felix war schon mal verliebt, er ist also nicht meine Aufgabe!«, wandte ich ein.

»Nein, er hat geschwärmt. Ohne Pfeil! Erste Liebe steht noch aus. Solltest du wissen, Madame *Das-ist-mein-Spezialgebiet.*«

Verdammt, das stimmte tatsächlich. Auch wenn er und Schülersprecherin Thea offiziell zwei Wochen miteinander gegangen waren, hatte niemand von ihnen jemals einen Liebespfeil abbekommen. Kein Wunder, dass Thea Felix so schnell in den Wind geschossen hatte.

Aber ich gab mich ganz sicher nicht geschlagen. Aus Prinzip!

»Und warum nimmst du nicht ihn? Er ist immerhin in ein Promimädchen verliebt!«

»Ja, aber er ist kein richtiger Fan! Das sieht man doch. Ich kümmere mich um Liebe von Fans zu Promis. Das gilt nicht.«

»Ist doch super, dann ist er wirklich verknallt und nicht nur Fan! Also, los geht's!«

Ich drückte ihm den Bogen in die Hand und schaute zum Pärchen – das nicht mehr da war.

»Shit, wo sind sie hin?«

Star sah mich wütend an. »Ey, wenn du mir meine Note versaust, Valentina ...«

»Ich dir? Hättest du nicht alles besser wissen müssen, wären die jetzt nicht weg!«

Darauf erwiderte Star nichts. Ha! Noch ein Punkt für mich.

»Wir müssen die suchen, komm!« Schon zischte er mit seinen Flügelschuhen davon.

»Hey, warte!«, schrie ich und fuhr an meinen Schuhen ebenfalls die Flügel aus – ein Geschenk von seinem Vater an mich.

Ich beeilte mich, ihm hinterherzufliegen, und war natürlich um einiges langsamer als er. »Jetzt warte doch mal!«

»Nicht mein Problem, dass du so eine lahme Ente bist.«

Boah, dieser Typ! Ich spornte die Flügelchen an und packte Star so plötzlich am Arm, dass er das Gleichgewicht verlor und zurückgeworfen wurde. »Was soll das?«

Ich hielt einen Finger in die Luft. »Erstens: Kopflos irgendwohin fliegen und wen suchen ist keine gute Idee. Große Schule, große Stadt, viele Jugendliche. Da finden wir Mimi nie.«

Er verdrehte genervt die Augen. »Okay, stimmt. Und zweitens?«

Ich deutete auf einen Pulk Jugendlicher, die sich draußen vorm Schultor versammelt hatten. »Mimi ist ein Promi. Und wer weiß am besten, wo ein Promi gerade ist?«

Ich konnte zusehen, wie Star die Schamesröte ins Gesicht stieg. Ohne meinen Blick zu erwidern, murmelte er irgendwas.

Ich flog näher zu ihm heran. »Was? Ich habe dich nicht verstanden.«

»Fans«, wiederholte er lauter. »Fans wissen, wo Promis sind.«

Oh, er wusste, wie sehr ich mich darüber freute, ihn in seinem eigenen Gebiet geschlagen zu haben. Schöner Gott der Fanliebe. Aber anscheinend setzte bei Stress auch sein Hirn mal aus.

»Na also, wir müssen uns einfach nur an die Fans heranschleichen oder ihnen folgen. Die finden doch in Windeseile heraus, wo Mimi ist.« Schon flatterte ich los, doch diesmal hielt Star mich zurück.

»Vielleicht sollten wir sie dann nicht durch zwei fliegende Gottheiten ablenken?« Er zog eine Toga aus der Tasche und schwenkte sie. Jetzt hatte er recht. Mist. Wie gewonnen, so zerronnen.

Kurze Zeit später schwebten wir über dem Pulk der Fans, beide in die furchtbar hässlichen Togen gehüllt. Sie machten uns für menschliche Augen unsichtbar. Gegenseitig konnten wir uns leider noch sehen, was wirklich peinlich war. Aber wenigstens stand Star die Toga genauso schlecht wie mir. Das erste Mal, dass ich ihn mies gekleidet sah. Ich verkniff mir gerade so eine bissige Bemerkung. Wie bei den meisten Göttern vertrug Stars Ego einen Kommentar über sein Äußeres eher schlecht. Und obwohl ich es sicher genießen würde, ihn damit wütend zu machen, war dies ein schlechter Zeitpunkt für einen Streit.

Die Fans drückten sich, wie jeden Tag, an der Schulmauer die Nase platt, trauten sich aber nicht aufs Gelände. Zu Recht, unbefugtes Betreten war nicht erlaubt, und nachdem neulich ein paar von Mimis schulfremden Fans höchst unsanft rausgeschmissen worden waren, hatten sie ihre Lektion gelernt.

Wir befanden uns nun im hinteren Teil der Schule, auf dem Hof, wo Philemon sich in der Pause immer aufgehalten hatte, bevor ich ihn bei meiner ersten Liebesmission mit Leila verkuppelt hatte. Hier ging es zur Sporthalle und den Musikräumen. In Ersterer fanden nach der Schule noch AGs statt und in Letzteren wurde nachmittags Musikunterricht gegeben oder es probte – wie heute – das Schulorchester. Deshalb erhielt unsere Mission passenderweise eine musikalische Untermalung. Zugegeben, die sehr dramatische Ouvertüre von *Das Phantom der Oper* erschien mir etwas übertrieben, aber ich nahm, was ich kriegen konnte.

»Und jetzt belauschen wir, ob sie wissen, wo Mimi ist«, zischte ich leise zu Star, denn unsichtbar hieß leider nicht unhörbar.

Der grinste. »Ich hab eine bessere Idee.« Offenbar hatte er seine Arroganz wiedergefunden. Er nahm sein Handy heraus und verschickte eine Nachricht.

Sofort hoben die Fans synchron ihre Handys vors Gesicht. Star zwinkerte mir zu. »Offizielle Mimi-Fangruppe«, flüsterte er. Natürlich.

»Mimi will das Schulgelände am Vordereingang verlassen«, verkündete einer der Fans.

»Schnell, dahin!«, rief ein anderer.

Und schon rannten die Fans davon, auf der Suche nach ihrem Idol.

»Und wie soll uns das jetzt helfen?«, blaffte ich Star an.

Star deutete zum leeren Tor. »Schau hin!«

»Da ist nichts«, sagte ich.

Er schnalzte genervt mit der Zunge. »Schau länger hin!«

Das tat ich. Und tatsächlich trat Mimi gefolgt von Felix hinter einem Torpfeiler hervor, und sie liefen schnell zusammen vom Schulgelände. Ich verstand. »Deine Nachricht war eine falsche Fährte! Jetzt, wo die Fans abgehauen sind, können die beiden runter vom Gelände!«

Star nickte. »Genau!«

Um sie nicht wieder zu verlieren, folgten wir ihren Liebesauren, dieser leichten, rosafarbenen Energie, die von Verliebten ausging und die nur Liebesgötter spüren und sehen konnten. Zwar waren diese Auren bei Mimi und Felix noch schwach, da sie nur füreinander schwärmten und nicht verliebt waren – aber ich war ja keine Nachwuchsliebesgöttin von gestern. Ich konzentrierte mich auf Felix. Eindeutige Liebesschwingungen gegenüber Mimi.

»Jetzt kriegt Mimi endlich die große Liebe, die sie verdient«, sagte Star. Ich sah zu ihm rüber, wie er Mimi entschlossen musterte, die Orchestermusik im Hintergrund stimmte jetzt romantischere Töne an. Und da, plötzlich, packte mich eine andere Liebesaura, die mich zurückhielt. Sie war so viel stärker als die von Felix, so viel klarer und intensiver und so ... warm. Glück durchströmte mich. Das war eine besondere Aura. Ich blieb in der Luft stehen und sah mich um. Von wem stammte sie? Der Schulhof war leer. Es gab nur mich, Felix, Mimi und ... Star? Aber das konnte nicht sein. Ein professioneller Liebesgott vermischte nicht Privates und Geschäftliches und schwärmte ganz sicher nicht für jemanden. Und schon gar nicht Star!

Er drehte sich um: »Valentina, wenn wir die wieder verlieren, ist es deine Schuld.«

Bloß das nicht! Ich machte, dass ich hinterherkam – und so schnell, wie sie gekommen war, verschwand die Liebesaura auch wieder. Ich konzentrierte mich erneut auf Felix.

Doch im Vergleich zu der Liebesaura von eben kam mir die von Felix auf einmal gar nicht mehr überzeugend vor.

Irgendwie blass. Und das gab mir ein schlechtes Bauchgefühl. Wollte ich so eine blasse Schwärmerei zur ersten großen Liebe werden lassen? War das nicht unfair gegenüber Felix und Mimi? Klar, die beiden passten laut Checkliste super zueinander. Aber irgendwie ... war ich jetzt gar nicht mehr so glücklich damit. Die erste Liebe sollte besonders sein, man vergaß sie nie.

Mimi und Felix erreichten einen Park und schlenderten langsam umher. Star landete in einem Baum, und ich ließ mich neben ihm nieder.

»Das ist unsere Chance«, flüsterte Star, als Mimi und Felix stehen blieben. Er holte seinen Bogen hervor.

Ich zögerte. Es hatte keinen Zweck. »Du, Star? Ich glaube, Felix ist doch nicht der Richtige.«

Star starrte mich entgeistert an. »Nicht schon wieder, Valentina! Wir haben uns auf Felix geeinigt, er passt perfekt! Das hast du selbst gesagt. Mehrfach.«

»Was heißt denn ›nicht schon wieder‹? Als würde ich mich ständig umentscheiden.«

»Tust du auch! Immer hast du Zweifel und änderst dann einfach deine Meinung. Nur weil du dich einmal vertan hast und deine aromantische Freundin mit ihrem Bruder verlieben wolltest!«

Das war jetzt wirklich unfair.

»Das hat doch damit nichts zu tun! Immerhin habe ich nach der Sache mit Desirée schon zweimal Jugendliche sehr erfolgreich und gut verliebt. Und Felix' Liebesaura ist einfach nicht besonders ... besonders. Ich glaube nicht, dass das eine gute erste Liebe ist.«

Star legte mir seine Hand auf die Schulter, und diese Geste war so eklig und von oben herab, dass ich seine Finger am liebsten abgebissen hätte. »Valentina, ich weiß, Liebesauren sind kompliziert. Aber ich habe damit schon deutlich mehr Erfahrung als du. Das hier ist okay, vertrau mir.« Er holte einen Pfeil hervor und drehte sich um.

Dieser arrogante Pissknilch! Er tat jetzt auch noch so, als würde er mir einen Gefallen tun? Vielleicht hatte er mehr Erfahrung mit Liebesauren und Fans und so was. Aber *ich* hatte mehr Ahnung von Teenagern und erster Liebe. Und das hier war falsch!

»Star, das können wir nicht machen!«, versuchte ich es noch einmal, doch schon legte er den Pfeil an und flüsterte Felix' Namen. Der Pfeil pulsierte rosa. Er ignorierte mich einfach! Tolle Teamarbeit …

Ich sah zu Mimi und Felix. Sie waren sich jetzt ganz nah. In Mimis Augen glänzte es erwartungsvoll.

»Du stehst also auf mich?«, fragte sie. Mutiges Mädchen. Die redete nicht lang um den heißen Brei herum.

Felix grinste. »Und wie! Du siehst einfach toll aus.« Mir wurde schlecht bei dieser oberflächlichen Antwort. Das ging gar nicht!

»Stopp!«, rief ich und packte Stars Bogen.

Star versuchte, ihn wegzuziehen. »Lass sofort los! Bist du verrückt?«

»Nein, du bist verrückt! Wir sollten das nicht tun, hör mir zu!«

»Lass mich einfach meine Arbeit machen. Sonst vermasselst du das, Valentina!«

»*Du* vermasselst es gerade. Hör auf!«

Ich versuchte, nach dem Pfeil zu greifen, doch Star zog den Arm blitzschnell weg. Zu schnell – sein Griff löste sich dabei, und der Pfeil flog davon.

Er sauste auf das Paar zu, und wir konnten nichts anderes tun, als zuzusehen, wie er nicht auf Mimi, sondern auf Felix zusegelte.

»Also, Mimi«, sagte Felix gerade. »Ich ...« Und in genau dieser Sekunde bohrte sich der Pfeil mit seinem eigenen Namen in seine Brust. Star und ich keuchten gleichzeitig auf.

Felix zuckte zusammen – und dann breitete sich ein Strahlen auf seinem Gesicht aus. »Ich liebe mich! Ja, genau! Denn ich bin der geilste Typ hier!«

Ach, du heilige Zerberuskacke, das war überhaupt nicht gut.

»Was?«, stammelte Mimi. »Aber ... hä?«

Genau meine Gedanken, Schwester.

Felix lachte. »Sorry, aber ich kann das echt nicht länger durchziehen. Ich find's ja mega, dass eine wie du auf mich steht, ich mein, dein Fame ist schon nett. Aber ganz ehrlich? Das hab ich nicht nötig. Du spielst nicht in meiner Liga. Und ich seh so gut aus, ich könnt mich glatt selbst knutschen.«

Dann ging er wild lachend davon und ließ Mimi buchstäblich sitzen. Fehlte nur noch, dass er ein Rad schlug oder so.

Oh shit! Wir hatten aus Versehen Narzissus 2.0 erschaffen. Hoffentlich fand er keinen Teich, in dem er sich in sein Spiegelbild stürzen konnte und dann ertrank.

Mimi blickte ihm völlig schockiert nach – ihre Schwärmerei war gerade brutal im Keim erstickt worden.

Star drehte sich zu mir um, und es fehlte bloß noch, dass vor lauter Wut Rauch aus seinen Ohren kam.

»Was hast du getan? Wegen dir ist der jetzt in sich selbst verliebt. Das ist eine Katastrophe!«

»Entschuldige mal, wenn du auf mich gehört hättest, wäre das nicht passiert!«

»Wenn ich immer auf alles hören würde, was du von dir gibst, würden wir nie was schaffen!«, rief er. »Du erzählst tausend Dinge, den ganzen Tag lang. Gibt es eigentlich Momente, in denen du nicht redest?«

»Gibt es eigentlich Momente, in denen du kein völliger Arsch bist?«, fauchte ich ihn an. »Du musst mir ja nicht zuhören!«

»Tu ich auch nicht, bei dir reichen der erste und der letzte Satz, um zu wissen, worum es geht!«

»Oh, wundervoll! Unser Musternachwuchsgott, mal wieder höchst effizient!«

»Wir wären effizient, wenn du nicht aus Prinzip anderer Meinung wärst als ich!«

»Es ist keine Meinung, wenn ich recht habe! Und hier lag ich richtig, und du hättest auf mich hören sollen, weil du keine Ahnung von der ersten Liebe hast.«

»Du doch auch nicht!«, blaffte er.

Das traf mich wie ein Faustschlag. Ich sollte keine Ahnung haben, nur weil ich noch in der Ausbildung war? Oder weil ich selbst die erste Liebe noch nicht erlebt hatte?

Bevor ich nachbohren konnte, erschien plötzlich ein kleiner herzförmiger Brief mit Flügeln vor uns und schwebte auf und ab.

Sofort war der Streit vergessen, und wir sahen einander panisch an. Wir wussten beide, dass dieser Brief von Aphrodite stammte. Und dass er bedeutete, dass wir richtig, *richtig* großen Ärger am Hals hatten.

Kapitel 2

YOU GIVE LOVE A BAD NAME

Star und ich saßen auf zwei äußerst unbequemen Stühlen in einem riesigen, von Säulen gerahmten Saal. Die Stühle bestanden komplett aus Marmor, wie alles auf dem Olymp, und der ganze Raum machte deutlich, dass hier Aphrodites Reich war. Harfenklänge und Rosenduft überall, Vasen mit Bildnissen von Aphrodite in Posen, in denen du deine Oma nicht sehen willst, und generell war alles sehr, sehr schön. Nur Kissen gab es halt keine. Das hatten wir wohl verdient. Die Unbehaglichkeit wurde dadurch verstärkt, dass Aphrodite bedrohlich vor uns hin und her lief.

»Es steht mir langsam bis hier mit euch beiden!«, zischte sie. Wäre sie Zeus, würden ihre Augen jetzt Blitze auf uns schießen. Ihr Gesicht war rot angelaufen, und ihre Toga wallte so bauschend hinter ihr her, als wäre auch das Kleidungsstück wütend.

»Ihr arbeitet erst seit vier Wochen zusammen, und ich habe mehr graue Haare und Falten gekriegt als in all den Jahrzehnten zuvor. Ich, die Göttin der Schönheit!«

Wir saßen stocksteif auf unseren Stühlen.

»Aber du meinst doch immer, Falten und graue Haare sind ganz natürlich und nicht hässlich oder so, und man sollte Frauen das nicht einreden«, versuchte ich es vorsichtig.

»Natürlich sind sie das nicht, Valentina!«, fauchte Aphrodite. »Meine göttlichen Falten sind wunderschön! Aber darum geht es hier nicht!«

Sie rieb sich die Nasenwurzel und atmete tief durch. »Warum müsst ihr zwei euch immer in die Haare kriegen?«

Also, das hätte sie echt ahnen können – Star war schon im Götterkindergarten ein Angeber gewesen und hatte mir bereits damals aufs Brot geschmiert, dass er das Klettergerüst schneller hochkam als ich.

»Du hast deine Ausbildung gerade erst begonnen, Valentina, und das unter besonderen Bedingungen«, fuhr Aphrodite fort. »Ich habe dir Star an die Seite gestellt, in der Hoffnung, dass ihr professionell miteinander umgeht. Damit du besser wirst und nicht so viel Mist baust. Aber offenbar baust du jetzt mehr Mist als vorher!«

»Wieso, es war doch sein Pfeil!«, protestierte ich. »Und außerdem hab ich meine vorherigen Einzelaufgaben super erledigt!«

»Dank meiner Aufsicht«, murmelte Star, doch schon knöpfte Aphrodite sich ihn vor.

»Von dir habe ich wesentlich mehr erwartet, Star! Du bist Klassenbester, aber kaum sollst du mit jemandem zusammenarbeiten, herrscht pures Chaos!«

Star sprang auf, wobei ihn seine Flügelschuhe ein wenig in die Luft hoben. »Sie hat mir den Pfeil aus der Hand gestoßen, ich konnte gar nichts tun!«

»Hinsetzen, Hermessohn, hier wird nicht rumgeflügelt! Sonst verwandle ich dich in eine Amorette, und dann machst du nie wieder was anderes!«

Blitzschnell ließ Star sich wieder auf seinen Hintern sinken. Seine Tage als kleiner Porzellanengel ohne Mimik und Sprechfähigkeit zu fristen, war dann wohl doch eine zu schlimme Vorstellung. Für ihn. Ich persönlich fände das eigentlich ganz nett. Dann hätte ich endlich meine Ruhe.

»Es ist mir so was von egal, wer Schuld an diesem Schlamassel hat, denn es war eure *gemeinsame* Mission! Und der Vorfall mit diesem armen Jungen schlägt dem Fass den Boden aus. Warum muss sich immer alles wiederholen, wir hatten schon einen Narzissus! Seid froh, dass ich es hinbekommen habe, seinen Pfeil zum Zerbrechen zu bringen, bevor er alle Spiegel der Stadt abknutschen konnte!«

»Das hast du?«, rief ich erleichtert aus. Puh. Dann waren wir wohl aus dem Gröbsten raus. Und Felix auch.

»Tut uns echt leid«, sagte Star. »Aber dann ist ja zum Glück kein so großer Schaden entstanden, wenn es dem Jungen wieder gut geht.«

Aphrodite lachte auf. Es war diese Art Lache, die gefährlich nahe am Wahnsinn kratzte. »Ja, dem Jungen geht's gut! Aber was ist mit dem Mädchen? *Sie* war eure Mission. Und sie hat es sowieso schon schwer, Fans von Leuten zu unterscheiden, die sie wirklich mögen. Und jetzt hat dieser Junge ihr ins Gesicht gesagt, dass er sie gar nicht mochte, sondern es nur toll fand, von einer Berühmtheit begehrt zu werden. Glaubt ihr, das steckt das Mädchen so einfach weg?«

Ich erwischte mich dabei, wie ich zu Star schielte, um herauszufinden, ob er dasselbe dachte wie ich. Unsere Blicke trafen sich. Schnell schauten wir wieder weg. Wir saßen ganz schön in der Tinte.

»Nein?«, antworteten wir gleichzeitig.

»Natürlich nicht!«, keifte Aphrodite. »Sie wird niemandem mehr vertrauen und sich nie wieder verlieben wollen, weil sie denkt, dass alle sie nur ausnutzen. Da hat sie endlich den Schritt zur ersten Liebe gewagt und bekommt beim Geständnis gleich das Herz gebrochen. Ich hatte euch gesagt, das Mädchen braucht Unterstützung! Echte Zuneigung! Das war euer Auftrag. Und was macht ihr?!«

Ich schluckte.

»Ach, vielleicht ist es ja gar nicht so schlimm«, versuchte Star die Sache abzumildern. Aphrodite durchbohrte ihn mit ihrem Blick und schnippte mit den Fingern. Eine rosa Wolke erschien, in der ein Bild von Mimi flackerte, ein wenig wie ein Livestream. Paps konnte das auch – wie in einer Glaskugel zu den Menschen zappen, die er verlieben wollte.

Mimi saß gerade in einem übergroßen Bandshirt auf ihrem Bett, umgeben von tausend Kuscheltieren. In ihren Armen hielt sie einen besonders großen, augenscheinlich sehr kaputtgeliebten Bären. Bei der Castingshow hatte sie auch immer eines ihrer Kuscheltiere zu den Auftritten mitgebracht.

Ein weiteres ihrer Markenzeichen. Der große Bär hieß Bogomil, und sie besaß ihn schon seit ihrer Geburt.

Mimi weinte in sein flauschiges Fell. »Warum sind alle Jungs solche Arschlöcher?«, schluchzte sie. »Ich hab keinen Bock mehr auf die. Blöde Liebe!«

Mimi so zu sehen, brach mir das Herz in tausend Teile. Das hätte nicht passieren dürfen! Wir hatten, mal wieder, nicht genug über die menschlichen Gefühle nachgedacht.

Aphrodite schnippte erneut, und die göttliche Übertragung verschwand. Wieder schielte ich zu Star. Diesmal sah er nicht zu mir herüber. Auch seine Miene war bewegt, es ging ihm also nahe, dass Mimi so litt. Na, wenigstens etwas. Wäre ja auch eine Frechheit, wenn er seit Jahren unfassbar gute Noten einheimste, nach einem solchen Vorfall aber kalt wie ein Wassereis bliebe.

»Das ist furchtbar«, murmelte ich.

»Ja, das ist es, Valentina!«, bestätigte Aphrodite. Sie war immer noch sauer auf uns, aber jetzt schwang so etwas wie Bedauern in ihrer Stimme mit. Auch nach Abertausenden Jahren im Dienst nahm ein gebrochenes Menschenherz sie mit.

»Und was machen wir jetzt?«, fragte Star leise.

Aphrodite stemmte ihre Hände auf den Tisch. »Nun, ihr beendet natürlich eure Mission.«

Wir zuckten beide zusammen.

»Aber ihr geht es doch nicht gut!«, rief ich.

»Wie sollen wir sie denn in diesem Zustand verlieben?«, wollte Star wissen.

»Das ist nicht mein Problem.« Aphrodite winkte ab. »Ihr habt euch die Suppe eingebrockt, ihr müsst sie auch auslöffeln.

Und diesmal habt ihr dabei eine noch viel größere Verantwortung. Nicht nur müsst ihr diesem berühmten Mädchen«, sie sah Star an, »die erste Liebe bringen«, ein intensiver Blick zu mir. »Ihr müsst auch dafür sorgen, dass sie ihren Glauben an die Liebe wiedergewinnt und keine traumatischen Schäden davonträgt. Das heißt: Wählt weise, in wen ihr sie verliebt. Nehmt eine gute Person. Lasst euch nicht zu viel Zeit. Und vor allem: Arbeitet beim Tartarus noch mal ordentlich zusammen, und zieht an einem Strang! Nur wenn ihr euch ergänzt, werdet ihr die Aufgabe meistern! Eure gewählten Spezialisierungen sind hier gefragt, das ist kein Job für nur eine Liebesgottheit!«

Star und ich sahen einander an. Sich ergänzen? So hatte das ganze Chaos doch erst angefangen!

Aphrodite bemerkte unsere abfälligen Blicke. »Das ist eure letzte Chance! Wenn ihr das nicht schafft, dann ziehe ich euch vom aktiven Dienst ab, und ihr dürft erst mal ein paar Jahre Theorie pauken!«

Es war, als würde meine Welt explodieren. Mein Herz pochte schneller. Ich hatte so lange dafür gekämpft, endlich Menschen verlieben zu dürfen – das durfte sie mir nicht wieder nehmen!

Auch Star war leichenblass geworden. Anklagend deutete er auf mich. »Das ist unfair! Ich bin gut in dem, was ich tue! Hättest du mich nicht zu Valentina geschickt …«

»Aber ich habe dich zu Valentina geschickt, Star!«, unterbrach Aphrodite ihn. »Und du hast versagt. Vielleicht bist du also doch nicht so gut in dem, was du tust? Und zweifle nie wieder meine Entscheidungen an, sonst kannst du gerne bei deinem Vater in die Lehre gehen und bist raus aus dem Liebesgeschäft.«

Star plumpste der Bogen aus der Hand, er rührte sich keinen Millimeter mehr. Blanke Panik lag in seinen Augen. Wow. Das war eine ganz schön heftige Drohung. Zu Recht zwar, wenn er mir so in den Rücken fiel. Trotzdem fühlte ich in diesem Moment so was wie … Mitleid. Ich wusste, dass Star schon seit er klein war Liebesgott werden wollte. Deshalb hatte er auch (zu meinem Leidwesen) immer bei uns rumgehangen und Paps' Pfeile und Bögen bestaunt. Als er seinem Vater gesagt hatte, dass er nicht ins Botengeschäft einsteigen wollte, war das ein ganz schön harter Tag für Hermes gewesen. Ich hatte lange dafür kämpfen müssen, Liebesgöttin zu werden. Aber Star hatte auch einige Hürden überwunden.

»Hab ich mich klar genug ausgedrückt, Star?« Aus Aphrodites Stimme war jede Wärme verschwunden. Dieser Frau durfte man nicht widersprechen.

Star nickte wie ein Roboter.

»Gut!« Aphrodite warf ihr perfekt sitzendes Haar zurück. »Nächste Woche ist das halbjährliche Treffen der Nachwuchsliebesgötter, wo wir eure Leistungen und Noten besprechen. Bis dahin will ich Ergebnisse, klar?«

Wir wagten nur ein Nicken. Oh Mann, bei Aphrodites Donnerwettern konnte sogar Zeus neidisch werden.

Kapitel 3

FAMILY BUSINESS

Mit einem *Rumms* fiel die Tür zu Aphrodites Arbeitszimmer hinter uns ins Schloss. Ich war froh, diesem Albtraum aus perfektem Marmor zu entkommen. Leider hatte Aphrodite, genau wie Paps, jede Menge Instrumente unter der Decke hängen, die liebliche Melodien spielten. Violinen, Harfen – so ein Kram. Im Hintergrund plätscherten Fontänen, und alles roch nach frischem Frühling, was für ein Kribbeln im Bauch sorgte – Frühlingsgefühle. Und obwohl es mich unfassbar nervte, was für eine unpassende Friedlichkeit dieser Ort verströmte, konnte ich mich gegen die entspannende Wirkung nicht wehren. Und so wandte ich mich einigermaßen hoffnungsvoll an Star. »Das kriegen wir schon wieder hin, oder?«

Star hatte wohl noch keine Frühlingsgefühle, denn er funkelte mich ultrawütend an. »Das müssen wir gefälligst! All das ist nur passiert, weil du mir unbedingt dazwischengrätschen musstest!«

Und schon roch es nach kaltem Winter.

»Warum ist eigentlich immer alles meine Schuld?«, rief ich. »Ich war doch schon dabei, die beiden zu verlieben, als *du* dich eingemischt hast!«

»Du hast ein Metalldach abgeschossen, Valentina! Der Pfeil hätte dich fast selbst erwischt!«

Bevor ich etwas erwidern konnte, blaffte ein lautes »RUHE, ZUM HADES NOCH MAL!« aus Aphrodites Zimmer, und wir zuckten zusammen. Besser, wir verzogen uns und verärgerten sie nicht noch mehr.

In stummer Übereinkunft traten wir den Heimweg an – leider war es derselbe, da Hermes und Amor genau nebeneinander wohnten. Man könnte sagen, Star und ich waren Sandkastenfreunde – oder besser, Sandkastenfeinde. Immer wenn ich an den Zaun gekommen war und spielen wollte – denn ja, ich hatte das am Anfang noch versucht –, hatte er das als Gelegenheit für einen Wettkampf gesehen. Wer besser schaukeln, werfen, bogenschießen oder die Amoretten austricksen konnte. Und wenn ich dann keine Lust mehr hatte, war ich in seinen Augen eine schlechte Verliererin.

So hatte sich das dann auch durch Kindergarten und Götterschule gezogen. Star war immer gut in allem gewesen und musste damit angeben. Aber niemand schien das zu durchschauen, alle lobten ihn für seine Talente. Außer ich natürlich.

Ich war die Einzige, die Star mit seinem Egotrip nicht durchkommen ließ, und das konnte er nicht ertragen.

Leider zwangen unsere Eltern uns dennoch immer wieder, zusammen abzuhängen. Die waren nämlich allerbeste Freunde und hatten wohl schon vor unserer Geburt beschlossen, dass Star und ich das auch mal werden sollten. Und leider waren sie fantastisch darin, die Realität zu leugnen.

Auch heute saßen sie natürlich zusammen in Hermes' Vorgarten. Meine Mutter, Psyche, trug einen ausladenden Sonnenhut, Paps strahlte wie der Liebesgott, der er war, und Hermes hatte ein schickes Sportoutfit an und sah aus, als wäre er gerade ein Ründchen gelaufen. Oder als würde er es noch tun. Hermes lief immer irgendwohin.

Sie winkten uns zu sich. »Wir haben gerade über euch gesprochen!«, rief Amor. »Wie toll das doch ist, dass ihr jetzt gemeinsam arbeitet.«

»Endlich könnt ihr mal richtig viel Zeit miteinander verbringen«, bekräftigte Hermes.

Ja, super. Ganz klasse.

»Wie war es bei Aphrodite?«, wollte Mama wissen. Natürlich war unseren Eltern nicht entgangen, dass meine Großmutter uns einbestellt hatte.

»Total prima!«, antwortete Star genervt. »Weil Valentina ein Problem mit Liebesauren hat, verlieren wir jetzt vielleicht unseren Job.«

»Tja, wenn Star nicht so ein eingebildeter Vollschnösel wäre, hätten wir das Problem gar nicht«, schoss ich zurück.

Unsere Eltern machten zerknirschte Mienen. »Oha, Ärger im Paradies«, murmelte Amor.

»Welches Paradies?«, riefen Star und ich. Auch noch zeitgleich. Boah, wie endnervig.

Hermes stand auf und legte seinem Sohn väterlich den Arm um die Schulter. »Ach, du kriegst das schon hin, Starilein.« Star versuchte vergeblich, Hermes' Arm abzuschütteln, während ich ein Grinsen unterdrückte. *Starilein* …

Jetzt tätschelte Hermes auch noch Stars Kopf. »Und wenn das mit dem Liebesgottdasein nicht klappt, steigst du einfach ins Familienbusiness ein. Gott der elektronischen Nachrichten. Das würde super zu dir passen, du kennst dich doch gut mit dem Internet und so aus.«

Ich hätte über diese Weltfremdheit von Hermes wohl gelacht, wäre Star nicht auf der Stelle erstarrt. Ein Job als Botengott war sein absoluter Albtraum, und Hermes' Kommentar musste die ganze Sache mit der missglückten Mission noch schlimmer für ihn machen.

Endlich schaffte Star es, sich aus der Umarmung seines Vaters zu befreien. »Ich geh in mein Zimmer – muss mich auf morgen vorbereiten, um meinen Job nicht zu verlieren. Und als menschlicher Schüler hat man ja auch noch Mathetests.«

Das erinnerte mich an meine Hausaufgaben. Star und ich waren zur Tarnung an der Schule angemeldet und mussten im Unterricht dementsprechend mitmachen.

»Ja, ich auch!«, rief ich schnell.

Star schob sich so nah an mir vorbei, dass er flüstern konnte: »Wehe, du verkackst das!«

»Selber!«, zischte ich zurück, bevor wir beide davonstapften und unsere Eltern im Vorgarten zurückließen.

Ich warf meine Zimmertür erleichtert hinter mir zu – und blickte auf blankes Chaos. Überall im Zimmer waren Zettel und Papierfetzen verteilt, als wäre hier jemand eingebrochen. Ich erkannte, dass es sich um den Inhalt meiner Biologiemappe handelte. »Was zum Hades?«, stieß ich aus.

Ein paar Papiere begannen zu rascheln, und darunter kam eine große weiße Möwe zum Vorschein – Bussi, mein Haustier. In seinem Schnabel steckte ein angefressenes Blatt Papier, das ich als meine gestern angefertigte Hausaufgabe erkannte.

»Da war Schokolade drauf!«, erklärte er mit vollem Schnabel, was stimmte, weil ich beim Schreiben welche gegessen und dabei gekrümelt hatte. Ein riesiger Fehler. Ich seufzte und warf mich aufs Bett. Meine Möwe hatte die Hausaufgaben gefressen. Das würde mir in der Schule niemand glauben.

Kapitel 4

I KNEW YOU WERE TROUBLE

Schon vor der ersten Stunde saß ich auf dem Boden vorm Klassenzimmer und kritzelte auf ein Blatt in meinem pinken Ordner. Darauf standen jede Menge Ideen, wie wir – wie ich! – Mimi helfen konnte. Ich hatte die halbe Nacht daran gearbeitet, denn Star sollte mir weder zuvorkommen noch wieder für irgendwas die Schuld geben können. Außerdem hatte Candy, Nachwuchsliebesgöttin des amerikanischen Valentine's Day, in unserer Nachwuchsliebesgötter-Chatgruppe immer wieder nachgebohrt, wie die Zusammenarbeit zwischen Star und mir lief, und Star hatte freimütig geantwortet, wie sehr er mir doch unter die Arme griff. Damit würde ich ihn ganz sicher nicht davonkommen lassen!

Klar hätte ich mich auch um die fehlenden Biohausaufgaben kümmern können, aber ganz ehrlich – das hier war ja wohl viel wichtiger!

Bussi hockte neben mir und schaute auf das Blatt. Er war für die anderen Jugendlichen in der Schule unsichtbar, und ich war froh, ihn heute an meiner Seite zu haben.

»Ich kann Star auch einfach auf den Kopf kacken!«, schlug er vor.

Ich strich ihm übers Gefieder. »Das ist lieb von dir, wirklich«, sagte ich. »Es hilft uns nicht, aber vielleicht solltest du es trotzdem tun.« Wirklich süß, wie er immer für mich da war.

Da tauchte Desirée auf und ließ sich auf meiner anderen Seite nieder, ihr erdbeerblonder Zopf schwang hin und her. Sie hielt eine kleine Tüte Gummibärchen in der Hand. »Ich gehe davon aus, dass du die Wut auf Star nicht durchs Drüberschlafen überwunden hast?«

Desirée war in den letzten Wochen zu meiner besten Freundin geworden. Ich hatte sie bei meiner ersten Mission selbst verlieben wollen – aus Versehen in ihren Bruder –, bevor ich bemerkt hatte, dass sie aromantisch war. Seitdem war sie so was wie meine Komplizin. Die Einzige, die von meiner Geheimidentität als Göttin wusste. Mein menschlicher Sidekick, sozusagen.

Natürlich hatte ich ihr gestern Abend Zehntausende Nachrichten zur Lage geschickt und ihr mein Leid über Star geklagt. In diesen Dingen war Desirée eine hervorragende beste Freundin – zwar gab sie mir unverblümt Ratschläge, die ich hören sollte, aber nicht wollte. Doch sie pflichtete mir auch bei, wenn ich einfach mal Dampf ablassen musste.

»Ich muss unbedingt besser sein als dieser blöde Angeber!«, knurrte ich und setzte *Alle Jungs auf den Mond schießen* auf die Liste. Kein besonders guter Vorschlag, aber er würde Mimi auf jeden Fall schlagartig von all ihren Problemen befreien. Und da Star ja auch ein Junge war, erledigte sich mein Problem gleich mit. »Was glaubt er eigentlich, wer er ist? Ich bin voll die mega Liebesgöttin und kann das genauso gut wie er!«

Desirée biss einem Gummibärchen den Kopf ab und hielt mir die Tüte hin. »Stimmt. Du bist die Beste. Lass dir von wem anders nicht sagen, dass du etwas nicht kannst, klar?«

»Danke.« Strahlend nahm ich mir ein Gummibärchen. Diese Chance nutzte Bussi, um nach vorne zu schnellen und seinen Schnabel in die Tüte zu stecken. Desirée zog sie blitzschnell weg. »Du nicht, Federvieh!«

Bussi machte ein enttäuschtes Gesicht.

Desirée war der einzige Mensch, der Bussi sehen konnte, weil ich seine Tarnmagie für sie aufgehoben hatte. Und sie war die Einzige, von der er noch nie irgendwelches Essen klauen konnte. Sie war wie ein Ninja, was die Verteidigung ihrer Süßigkeiten anging.

Desirée setzte sich gerader hin. »Da ist er übrigens.«

Ich sah auf und bekam instant noch schlechtere Laune. Star schlenderte über den Gang, direkt auf uns zu. Er lächelte breit und sah so selbstbewusst aus, dass man kaum noch etwas anderes als ihn wahrnahm. Links und rechts grüßte er die Leute mit High-Fives oder Umarmungen. Als hätte er keinerlei Sorgen und alles wäre großartig. So wichtig schien ihm sein Job wohl doch nicht zu sein.

»Ich kann nicht fassen, dass ihn alle mögen«, murmelte ich.

Desirée nickte. »Wenn er wenigstens hässlich wäre. So ist das einfach nur unfair.«

Aber echt! Kaum war Star an diese Schule gekommen, hatten sich wie immer alle um ihn geschart.

Und ich? Ich war viel länger hier als er (gut, nur zwei Wochen oder so), und mich fanden am Anfang alle seltsam. Wenn Desirée sich nicht mit mir angefreundet hätte, wäre ich immer noch die komische Neue.

Star blieb vor uns stehen. »Hey, Valentina? Alles klar?« Natürlich, bloß nicht vor seinen Freunden wie der Mistsack erscheinen, der er war.

»Klar«, antwortete ich zuckersüß. »Alles prima. Ich erledige gerade voll wichtige *Hausaufgaben*. Hoffe, du hast deine auch gemacht, statt nur am Handy rumzuschleimen.« Ich hielt demonstrativ meine Liste hoch.

Ärgerlicherweise brachte ihn das nicht aus der Ruhe. Er zwinkerte mir nur zu. »Immer.«

Na, wenigstens da hörte ich einen drohenden Unterton heraus. Hatte ich seine schöne Fassade wenigstens kurz zum Bröckeln gebracht.

Er deutete auf Desirées Gummibärchentüte. »Darf ich?« Weil Desirée die beste Freundin war, die man sich wünschen konnte, stopfte sie sich einfach den gesamten Inhalt der Tüte auf einmal in den Mund und grinste ihn keck mit ihrem Gummibärchenlächeln an. »Sorry, schon leer.« Ich liebte dieses Mädchen so sehr.

Star war tatsächlich ein wenig überrumpelt. Da legte ihm plötzlich jemand von hinten den Arm um die Schulter.

»Ey, Star! Bereit für den Mathetest?« Es war Philemon, Desirées älterer Bruder und mein erstes erfolgreiches Zielobjekt einer Liebesmission.

Star verzog leidend das Gesicht. »Boah, ich hab kaum gelernt. Aber wird schon.«

Philemon lachte. »Du lernst nie und bist trotzdem voll das Genie. Alter, du lässt uns andere blöd aussehen.«

Star zuckte mit den Schultern. »Vielleicht hab ich's einfach drauf.«

»Vielleicht hab ich's einfach drauf«, äffte ich ihn nach, und Desirée boxte mir in die Rippen. Ich war wohl ein bisschen zu laut gewesen. Von Philemon brachte mir das eine hochgezogene Augenbraue ein.

Es passte mir gar nicht in den Kram, dass die beiden Jungs sich angefreundet hatten. Philemon gehörte zu Desirée, faktisch also zu *meinen* Freunden! Die Freundschaft war Star sicher nur eingegangen, um mir eins reinzuwürgen. Und dann war er auch noch eine Klasse über mir, obwohl wir fast gleichaltrig waren.

In dem Moment entdeckte Philemon seine feste Freundin Leila – glücklich zusammen dank mir – und ließ Star los, um sie mit einem stürmischen Kuss zu begrüßen.

»Soll ich Star jetzt auf den Kopf kacken?«, zischte Bussi mir zu.

Da beugte Star sich zu der Möwe hinab. »Bussi, bevor ich's vergesse, ich hab dir was mitgebracht!« Schon zog er einen kleinen Muffin aus der Tasche und stellte ihn vor Bussi hin. Dessen Augen leuchteten, und sofort schlang er den Muffin herunter. Star lief feixend zu seiner Klasse.

»Wenn ich's mir recht überlege, ist Star echt ein toller Typ!«, schwärmte Bussi mit vollem Schnabel.

Diese blöde Möwe und ihre verdammten flexiblen Loyalitäten!

»Verräter«, sagten Desirée und ich wie aus einem Mund.

Kapitel 5

WHAT'S LOVE GOT TO DO WITH IT

Natürlich bekam ich wegen der fehlenden Bioaufgaben ordentlich Ärger von Frau Feliz. Wesentlich mehr als erwartet. Da hatte sich bei ihr anscheinend was angestaut.

»Das ist das fünfte Mal, Valentina! Und dabei bist du noch gar nicht so lange an dieser Schule«, rief sie.

Ich wurde immer kleiner in meinem Stuhl, alle starrten mich an. »Es ist halt immer so viel anderes los«, murmelte ich. Sie wusste ja nicht, dass ich noch einen sehr wichtigen Nebenjob hatte, der viel Zeit in Anspruch nahm. Oder eher einen Hauptjob.

Frau Feliz zog die Augenbrauen hoch. »Na klar! Liebe zum Beispiel, nicht wahr?«

Schon schnappte sie sich mein Heft und hielt es mir vor die Nase. Ich lief rosa an. Es war vollgekritzelt mit Herzen, Zitaten aus Filmen und Verkupplungstaktiken. Alles Arbeitsnotizen, aber auf sie musste ich wie ein verliebtes Mädchen wirken. Die anderen aus der Klasse kicherten.

»Ich verstehe ja, dass eure Hormone verrücktspielen in dem Alter, aber es gibt auch noch andere Dinge, die wirklich wichtig sind«, fuhr Frau Feliz fort und tippte auf die Fernbedienung des Beamers, der eine Präsentation über Geschlechtsteile auf das Whiteboard warf. »Fortpflanzung zum Beispiel!« Ein genervtes Raunen fuhr durch die Klasse. Geschickte Überleitung zu unserem neuen Thema, Frau Feliz. Super. Meine Schwester Hedone, Göttin der Wollust, hätte diese Situation gefeiert!

Als diese peinliche Stunde vorbei war, konnten wir gar nicht schnell genug das Klassenzimmer verlassen. Die anderen, weil Frau Feliz irgendwann angefangen hatte, über Geschlechtskrankheiten und Verhütung zu sprechen, und versucht hatte, dabei total cool und lässig zu wirken. Super unangenehm! Ich, weil ich mich jetzt endlich meiner Hauptaufgabe widmen konnte: Mimis Liebesleben. Ich hakte Desirée unter, um ihr von meinem Plan zu erzählen. Bussi hatte vorm Unterricht bereits das Weite gesucht und stahl wahrscheinlich gerade jemandem das Pausenbrot.

»Also, erst mal muss ich rausfinden, wie Mimi tatsächlich der Liebe gegenübersteht. Hat sie wirklich keine Lust mehr darauf, oder war das eine erste, sagen wir mal, Überreaktion und es bestehen noch Chancen?«, erklärte ich, während wir uns im Flur an die Wand lehnten und ich meine Mappe zückte. Aphrodites Vision war zwar sehr eindeutig gewesen, aber Menschen neigten dazu, ihren Emotionen erst mal freien Lauf zu lassen und sie nachträglich zu sortieren. Besonders bei erster Liebe. Es war somit nicht auszuschließen, dass Mimi die Sache heute schon ganz anders sah.

Die Tür zum Nachbarklassenzimmer öffnete sich, und Star trat heraus. Im Schlepptau hatte er Philemon – und Felix. Star hatte sogar freundschaftlich den Arm um Felix' Schulter gelegt und redete auf ihn ein. Was sollte das denn? Versuchte er etwa, Felix doch noch dazu zu bringen, es mit Mimi zu versuchen? Sich zu entschuldigen oder so? Sorry, der Zug war abgefahren.

Kurz trafen sich die Blicke von Star und mir – ich wandte mich schnell wieder meiner Mappe und Desirée zu.

»Dann will ich wissen, unter welchen Umständen Mimi sich noch mal auf jemanden einlassen würde«, fuhr ich fort. »Mimi mag einfühlsame Menschen, die witzig und mutig sind, sich nicht alles aus der Nase ziehen lassen und eine starke eigene Meinung haben. Das haben Star und ich schon rausgefunden.« Schließlich war Mimi nicht erst seit gestern unsere Mission. »Wir müssen jemanden finden, der sie als Menschen sieht und nicht nur als berühmte Sängerin.«

Desirée schnaubte. »Ach, wenn es nur das ist. Voll easy.«

Ich klappte die Mappe zu. »Ja, ganz genau.« Positive Manifestation hatte schon viele Probleme gelöst.

Da tippte mir jemand auf die Schulter. »Gut, dass ich dich noch sehe.«

Ich drehte mich um. Frau Feliz stand mit verschränkten Armen vor uns. Möglichst unauffällig versteckte ich die

Mappe hinter meinem Rücken. Keine Lust, dass sie einen Anreiz für eine weitere Standpauke fand und sah, dass ich mich schon wieder »nur mit Liebe« beschäftigte.

»Valentina, ich mache mir wirklich Sorgen um dich«, sagte sie und klang dabei aufrichtig besorgt.

»Ich habe mit den anderen Lehrkräften gesprochen und überall das gleiche Bild: Du vergisst oft deine Hausaufgaben und wenn du sie gemacht hast, sind sie nicht sonderlich gut. Du beteiligst dich selten am Unterricht und kannst kaum Fragen beantworten. Meistens kritzelst du irgendwelche Sachen in dein Heft und bist nicht bei der Sache.«

Das stimmte leider. Aber wenn ich schnell Liebespläne überarbeiten oder eine neue Strategie entwickeln musste, dann blieb dafür oft nur die Zeit im Unterricht.

»Auch deine Tests fallen selten gut aus. Ich glaube, du lernst überhaupt nicht, kann das sein?«

Wenig, zumindest. Ich hatte Wichtigeres um die Ohren.

Das hier war nicht gut. Ich wurde zwar oft ermahnt – aber mir war nicht bewusst gewesen, dass die Lehrer sich über mich austauschten.

»Ich werde mich mehr anstrengen, versprochen«, sagte ich deshalb.

Leider war Frau Feliz davon so gar nicht überzeugt. »Das hoffe ich. Bald stehen die ersten Zeugnisse an, und du solltest wirklich deine Leistung verbessern, sonst sieht es nicht gut für dich aus.«

Sie schulterte ihre Tasche und ging davon. Verdammt. Eine von Aphrodites Bedingungen meiner Ausbildung war, dass ich in der Schule mitmachte und gute Noten bekam. Für die Tarnung. Sonst würde ich meinen Posten verlieren. Das brauchte ich jetzt echt nicht auch noch. Ich sah zu Desirée, die wohl den gleichen Gedanken hatte. Sie wollte genauso wenig, dass ich von der Schule flog.

»Wenn dieser Schulstoff nicht so kompliziert wäre«, stöhnte ich.

Ich hörte ein leises Lachen und bekam sofort die Gänsehaut meines Lebens. »Ach komm, so schwer ist das nicht.«

Star stand nur wenige Meter entfernt und hatte offenbar alles mitbekommen. Das war ja typisch. Seine Jungs hatten längst Leine gezogen, aber er musste natürlich zuschauen, wie ich Ärger bekam.

»Halt doch die Klappe!«, fauchte ich.

Star flog auf mich zu, ganz leicht nur schwebte er über dem Boden. Anscheinend fühlte er sich sicher genug, dass ihn niemand erwischen würde. Sein blödes Grinsen war wie in seinem Gesicht festgetackert.

»Hey, ich wusste nicht, dass dir der Schulstoff so schwerfällt. Wenn du willst, kann ich dir Nachhilfe geben. Ich soll mich doch um dich kümmern.«

Das war ja wohl die Höhe! Lieber half ich Sisyphus, den blöden Stein einen Berg raufzurollen.

»Weißt du, Star, ich brauche dein Mitleid nicht. Oder dass du dich über mich lustig machst, weil ich mich um wichtigere Dinge kümmere als irgendwelche Biologiehausaufgaben.« Ich hielt meine Liste hoch.

Star zückte sein Handy mit der bescheuerten Liebes-App. »Ich kümmere mich auch. Doch ich krieg's trotzdem hin, in der Schule nicht vollkommen abzukacken.«

Ich machte einen Schritt auf ihn zu. »Ich kacke nicht ab!« Bevor ich ihm jetzt tatsächlich eine reinhauen konnte, trat Desirée zwischen uns. »Danke, Star, aber Valentina hat ja immer noch mich, falls sie Hilfe braucht.«

Star verzog den Mund. »Alles klar. Aber nur dass du es weißt, ich hab mich nicht lustig gemacht. Ich meine das ernst. Wegen einer Menschenschule solltest du nicht deine Ausbildung in Gefahr bringen.«

Ich stutzte. Er meinte es ernst? Sollte ich ihm das glauben? »Tu ich schon nicht. Keine Sorge«, antwortete ich nur.

Star schielte zu der Liste in meiner Hand. »Also, vielleicht solltest du dich erst mal auf deine Noten konzentrieren. Und ich kümmere mich um Mimi.«

Oooohh, daher wehte der Wind. Sehr clever, Herr von und zu, aber nicht clever genug.

»So weit kommt es noch! Das ist unsere gemeinsame Aufgabe. Nur weil meine Noten nicht gut sind, glaubst du, du kannst mir die Mission einfach wegnehmen? Zusammenarbeiten, hat Aphrodite gesagt, weißt du noch?« Ich hatte zwar auch nicht vorgehabt, ihn einzubeziehen, aber das wusste er ja nicht. »Und wenn du vorhast, Mimi doch wieder mit Felix zu verkuppeln, dann ist das ein total mieser Plan.«

Jetzt wanderte seine Augenbraue hoch, und da war er wieder – der alte, arrogante Star. Maske abgelegt.

»Warum sollte ich sie mit Felix zusammenbringen wollen? Ich habe nur mit ihm über sie gesprochen und abgeklärt, dass er wirklich nicht der Richtige war.«

Ach, schau an. Hätte er mal von Anfang an auf mich gehört. Nicht, dass er das jemals zugeben würde.

»Mit dem, was ich jetzt weiß, kann ich mich bei Mimi für ihn entschuldigen. Und vielleicht ihre Meinung zur Liebe ändern. Also werde ich jetzt erst mal die Lage bei Mimi checken, und dann können wir uns überlegen, mit wem wir sie verlieben.«

»Nein, so machen wir das nicht!«, erwiderte ich – doch Star hatte sich bereits umgedreht und flatterte davon. Nicht zu fassen! Wir besprachen das nicht mal?

»Was für ein Arsch«, murmelte Desirée.

Ich war zu wütend, um zu antworten, und schnappte mir entschlossen ihre Hand. »Komm, wir suchen Mimi auch! Ich lass nicht zu, dass Star das einfach allein durchzieht!«

Kapitel 6

ALWAYS ON MY MIND

Mimi war leicht zu finden. Nicht, weil sie von Fans umringt war, sondern von ihren Freunden, mit denen sie in jeder Pause auf der Treppe zum ersten Stock saß. Da, wo nur die wirklich coolen Leute sitzen.

Eigentlich sollten die Schüler nicht auf der Treppe sitzen (wegen Brandschutz oder so), aber das war Mimi in der Regel herzlich egal, bis sie jemand aktiv aufforderte, wegzugehen. Mimi gehörte zu den Leuten, deren ansteckendes, ehrliches Lachen man durch den ganzen Raum hörte. Die, die zwar immer ihre Meinung sagten, aber trotzdem alles für ihre Freunde tun würden. Die ganz genau wussten, wer sie waren, und deren Selbstbewusstsein so hell wie die Sonne strahlte. Die immer freundlich blieben und trotz kleinerer

Regelbrüche von Lehrern gemocht wurden. So war Mimi auch schon gewesen, bevor sie diese Castingshow gewonnen hatte. Und es war sicherlich auch der Grund, weswegen so viele Leute für sie angerufen hatten.

Desirée und ich näherten uns Mimi von oben, aus dem dritten Stock. Ich hatte mir vorgenommen, Mimi zur Seite zu nehmen und ihr zu sagen, dass ich von der Sache mit Felix gehört hatte. Und dann wollte ich sie fragen, was sie generell von Jungs hielt. Deswegen brauchte ich auch Desirée. Es bestand nämlich die reelle Chance, dass Mimi nicht mit mir reden wollte, wir kannten uns ja schließlich gar nicht. Aber Desirée kannten alle.

Plötzlich durchfuhr ein Kribbeln meinen ganzen Körper, und ich blieb stocksteif stehen. Da war sie schon wieder, diese besondere, mächtige Liebesaura. Ich spürte an dieser Schule zwar ununterbrochen kleine wie große Liebesauren. Die meisten Teenager um mich rum dünsteten Liebe praktisch aus – mit Ausnahme von Desirée, was ein weiterer Punkt war, warum ich mich gerne mit ihr umgab. Bei ihr lenkte mich keine Liebesaura von allem anderen ab.

Doch diese Aura hier war speziell. Es war dieselbe wie gestern. Dieselbe Liebesaura, die mich hatte zögern lassen und mich davon überzeugt hatte, dass Felix absolut nicht der Richtige für Mimi war. Ich sah mich hektisch um. Von wem ging sie aus? Verdammt, im Gegensatz zu gestern, wo ich niemanden gesehen hatte, waren jetzt zu viele Leute da, von denen sie stammen könnte – wie sollte ich bitte die eine Energie rausfischen?

Da entdeckte ich Star direkt bei Mimi, und es traf mich wie der Blitz. Oh, meine Götter, konnte es sein, dass die Aura wirklich von ihm stammte? Immerhin war es schon das zweite Mal, dass ich diese Energie spürte und er in der Nähe war …

»Flügelchen war schneller als wir«, murmelte Desirée.

Mist! Weil mich diese blöde Liebesaura abgelenkt hatte, hatte ich meinen Moment verpasst und Star ungewollt den Vortritt gelassen. Er lehnte sich über das Treppengeländer und stupste Mimi an. Dabei wirkte er so verdammt lässig. Ich hätte sicher nicht so cool ausgesehen.

Mimi nickte und flüsterte ihren Freunden etwas zu, die daraufhin alle Leine zogen, sodass Star und sie allein zurückblieben.

Desirée und ich kauerten uns auf die Stufen, um bloß nicht von den beiden gesehen zu werden.

»Was ist aus dem Plan geworden, das Star nicht ohne dich machen zu lassen?«, zischte Desirée.

Stimmte zwar, aber … manchmal brauchte man halt neue Pläne. Und der neue Plan war, die beiden ungestört zu beobachten.

»Wir gucken erst mal«, erklärte ich. »Mal schauen, was passiert.«

Denn obwohl ich den Gedanken hasste, hatte Star ja vielleicht doch Erfolg mit seiner Strategie, und dann waren wir immerhin einen Schritt weiter.

Außerdem musste ich wissen, ob diese unfassbare Liebesaura, die ich immer noch spürte, tatsächlich von Star stammte. Und wenn nicht, ob sich der Verantwortliche offenbaren würde.

Also waren wir ganz leise und lauschten.

Star beichtete Mimi, dass Felix ihm das mit ihr erzählt habe. Und er behauptete, sich deswegen ganz schlecht zu fühlen. Er entschuldigte sich an Felix' Stelle und sagte, dass er hoffe, Mimi würde jetzt nicht von allen Jungs schlecht denken.

Ich musste zugeben: Er machte das wirklich gut. Er war einfühlsam und nett und blickte Mimi direkt in die Augen. Und es funktionierte. Mimi entspannte sich sichtlich, lächelte ihn immer wieder an.

Schließlich fragte Star mit weicher Stimme, wie es ihr denn ehrlich gehe. Etwas hüpfte in meinem Bauch auf und ab. Wahrscheinlich der Kotzreiz.

Aber auf Mimi hatte es wohl den erwünschten Effekt, denn sie antwortete ganz leise, dass alles ein bisschen viel sei und sie gerade nicht wisse, wo ihr der Kopf stehe.

Star drückte Mimis Arm und versprach: »Wenn du reden willst, bin ich für dich da.«

Mimi schien ihm zu glauben, denn sie umarmte Star und bedankte sich bei ihm. Dieses Mädchen, das so verletzt gewesen war, vertraute plötzlich diesem jungen Gott, den sie kaum kannte!

Und da spürte ich es und sog scharf die Luft ein.

»Was ist?«, wollte Desirée wissen.

Ich öffnete den Mund und schloss ihn wieder. Rosa Schwaden waberten um Mimi, ganz leicht nur, aber sie waren da. Deutlich zu unterscheiden von der Liebesaura, die noch in der Luft lag.

»Ich glaube, Mimi steht auf Star«, antwortete ich schließlich.

Desirée wiegte den Kopf. »Verständlich. Das war echt süß eben. Er ist wirklich charmant. Rein objektiv betrachtet, natürlich!«

Am liebsten würde ich widersprechen. Doch leider hatte sie recht. In meinem Magen bewegte sich wieder etwas.

»Götter haben nun mal Charme«, gab ich zu. »Schon klar, dass man sich in ihn verlieben könnte. Also, auch rein objektiv betrachtet, natürlich. Subjektiv gesehen, ist Star ein Idiot.«

Desirée rückte näher an mich heran. »Da wir gerade so objektiv sind – warum genau könnte man sich in ihn verlieben? Also, was findet Mimi an ihm?«

Ich dachte nach, betrachtete Star ganz genau. Das war so eine Sache mit der Liebe, man konnte nicht genau mit dem Finger darauf zeigen. Und da es für Desirée noch mal schwieriger war, das nachzuvollziehen, versuchte ich, es ihr so gut wie möglich zu erklären. »Da sind sein Lächeln und seine krass blauen Augen. Die Art, wie er seine Haare zurückwirft. Vielleicht auch, dass er darauf eingeht, was du sagst, und ehrlich versucht, deine Gefühle zu verstehen. Er ist sehr zielstrebig, arbeitet hart, und wenn er ein Versprechen gibt, dann hält er es. Und schlau ist er auch. Diese Kombination sorgt fürs Tollfinden, fürs Schwärmen.«

Desirée grinste vergnügt. »Dir fallen aber eine ganze Menge Gründe ein, die für Star sprechen.«

Ich sah sie genervt an. »Ich kenne ihn ja auch schon mein ganzes Leben, und ich bin eine Liebesgöttin. Ich kann gar nicht anders, als das zu sehen.«

Ich beobachtete Star und Mimi noch eine Weile. Ihr Gespräch war eigentlich vorbei, aber sie schienen sich nicht voneinander verabschieden zu wollen. Natürlich, bei Mimi mit ihrer aufkeimenden Liebesaura war das nur zu verständlich. Aber bei Star?

Diese Liebesaura ... Es musste seine sein! Es gab keine andere Möglichkeit, gerade weil sie so besonders war. Sie musste von einem Liebesgott kommen. Ich sah zwar keine Wolke oder Schwaden, die von ihm ausgingen, aber das musste nichts heißen. Liebesgötter konnten ihre eigene Schwärmerei ziemlich gut verbergen. Problematisch wurde es erst, wenn uns ein Pfeil traf. Das sahen dann alle.

Aber jetzt konnte Star seine Gefühle anscheinend nicht verstecken. Und das hieß, dass seine Schwärmerei Mimi galt! Oh, meine Götter! Deshalb war es ihm wichtig, sie zu verlieben! Er wollte, dass es ihr gut ging. Das sah ihm ähnlich. Große Töne spucken, was für ein toller Liebesgott er war, aber sich dann in die Person vergucken, die er verlieben wollte. Vor allem war Mimi ein Mensch! Nun gut, Gottheiten hatten sich schon das ein oder andere zigtausendste Mal in einen Menschen verliebt. Meine eigenen Eltern waren das beste Beispiel. Aber Star hielt so was doch für unprofessionell! Ich grinste. Er war wohl doch nicht so perfekt. Und da hatte ich eine Idee, die Star selbst bestimmt nie gehabt hätte. »Ich muss Star und Mimi verlieben.«

»Was?« Desirée sah mich entgeistert an.

»Sie schwärmen offenbar füreinander. Star würde das vermutlich nie zugeben, aber wenn wir sie mit jemand anderem verkuppeln, bricht ihm das vielleicht das Herz.«

Natürlich war es mir eigentlich komplett egal, wie es Star ging. Aber wenn er Liebeskummer hatte, wäre die Arbeit mit ihm sicher noch schlimmer. Und nun hatte er die Chance, endlich mal zu erleben, wie erste Liebe wirklich war – und ging mir dann hoffentlich nicht länger auf die Nerven.

Desirée schüttelte vehement den Kopf. »Nein! Du kannst Star nicht verlieben. Er ist ein Liebesgott. Sie ein Mensch.«

»Ja und?« Ich nahm den Bogen von meinem Rücken und zückte einen Pfeil. »So was passiert ständig, glaub mir. Und wenn sie füreinander bestimmt sind, *muss* ich als Liebesgöttin sogar dafür sorgen.« Immerhin war Liebe doch das Wichtigste und hatte immer Priorität.

Desirée packte den Pfeil. »Valentina! Ich weiß, dass du Star nicht magst und ihm eins reinwürgen willst. Aber das geht zu weit. Mit Liebe spielt man nicht.«

»Hä? Natürlich nicht! Ich würde nie jemanden aus Rache verlieben! Nicht mal Star. Vertrau mir, das ist eine gute Idee. Seine Liebesaura fühlt sich wirklich besonders an, und ehrlich. Mimi braucht jemanden, der sie unterstützt und ihr Promidasein versteht. Wer ist da besser geeignet als Star?« Die kleine Stimme in meinem Kopf flüsterte zwar, dass ich vielleicht mal wieder zu schnell handelte. Aber Aphrodite wollte Ergebnisse und vor allem, dass es Mimi besser ging.

Ich schob Desirée sanft beiseite und flüsterte dem Pfeil Stars Namen zu. Dann spannte ich den Bogen und richtete den pulsierenden Pfeil auf Mimi.

Desirée betrachtete mich gequält. »Valentina, wirklich! Überleg dir das noch mal. Ich hab ein ungutes Gefühl.«

Ich allerdings nicht, und ich war hier die Liebesgöttin, also atmete ich tief durch und ließ meine Magie fließen.

Doch gerade als ich meine Finger von der Sehne löste, schaute Star auf. Direkt zu mir. Keine Ahnung, ob er mich sah, aber ich erschrak so sehr, dass ich den Bogen nach oben riss und mich schnell wegduckte. Der Pfeil schoss los und prallte mit einem *Klonk* an der Treppenstufe über mir ab. Er flog irgendwohin.

Ich verharrte regungslos, in der Hoffnung, dass Star und Mimi uns nicht entdeckt hatten.

»Sie gehen weg«, sagte Desirée nach einer halben Ewigkeit. Sie hatte ebenfalls blitzschnell reagiert und sich weggeduckt. Puh. Offensichtlich hatte er uns nicht gesehen. Glück im Unglück. Nur hatte ich jetzt meine beste Chance verpasst, Star und Mimi zu verlieben. So ein Mist! Aber was mir viel wichtiger war: Wo gingen die beiden denn zusammen hin? Das ging ja wohl gar nicht, dass er jetzt die ganze Zeit mit Mimi abhing. Unserer gemeinsamen Mission! Sollte Star nicht langsam an mich denken, wir arbeiteten schließlich immer noch zusammen, und er ließ mich doch sonst auch nicht aus den Augen?

»Hast du gesehen, wo der Pfeil hin ist?«

Desirée zuckte mit den Schultern. »Ich glaube, der ist zurückgeflogen, in unsere Richtung.«

Oh Götter, nicht schon wieder. Hoffentlich hatte Star wirklich nicht gesehen, wie mir zum zweiten Mal dieser Fehler passierte. Das wäre zu peinlich.

Moment! Warum war es mir auf einmal wichtig, was Star über mich dachte? Und mit wem er wo hinging? Was war denn nur mit mir los? Jetzt wurde mir auch noch ganz warm. Mein Herz wummerte und schlug plötzlich schneller.

»Dann muss der Pfeil hier irgendwo sein«, sagte ich, um mich abzulenken.

Desirée und ich blickten uns um. Sahen über das Treppengeländer nach unten, spähten in jede Ritze zwischen Treppe und Mauer und hoben unsere Taschen an. Doch von dem Pfeil fehlte jede Spur.

Desirée lief die Treppe hinauf, um zu sehen, ob er weiter nach oben geflogen war. Fehlanzeige.

»Der kann doch nicht weg sein!«, rief Desirée.

»Hab ich Mimi vielleicht doch getroffen?«, fragte ich, auch wenn das sehr unwahrscheinlich war. Und mir ein ganz flaues Gefühl im Bauch machte. Hoffentlich hatte sie sich nicht in Star verliebt. Ich wollte nicht, dass sie sich in Star verliebt. Niemand sollte sich in Star verlieben. Außer …

Ich hielt inne. Oh nein. Nein, nein, nein.

Desirée war in der Lage, Pfeile in ihrer festen Form zu sehen. Nur an einem einzigen Ort wurden sie unsichtbar für sie. Wenn sie jemandem in der Brust steckten, also jemanden verliebt hatten. Mein Pfeil war zurückgeprallt, aber ich hatte nicht gesehen, wohin. Und ich hatte plötzlich so seltsame Gedanken an Star …

Langsam senkte ich den Kopf, voller Angst, was ich sehen würde.

Und dann wurden meine schlimmsten Ängste wahr. Ich kreischte auf, so laut und panisch, dass auch Desirée vor Schreck zu schreien begann. »Was ist los?«

Ich zitterte, mein Kopf raste, und ich hatte vergessen, wie man spricht. Irgendwie kam nur Gestammel aus meinem Mund. Schließlich aber erinnerte mein Hirn sich wieder, wie man meine Hände und meinen Mund steuerte. Ich deutete auf meine Brust. »Der Pfeil«, keuchte ich. »Ich hab … Da steckt ein Pfeil in meiner Brust.«

So war es wirklich. Der kleine Pfeil pulsierte leuchtend pink vor sich hin, als wäre es das Normalste der Welt. In der ganzen Aufregung war er mir bis gerade nicht mal aufgefallen.

»Was?«, fragte Desirée ungläubig.

Ich krallte mich in ihre Arme, damit ich aufrecht stehen blieb. »Der Pfeil mit Stars Namen steckt in meiner verdammten Brust!«, rief ich viel zu laut.

Und Desirée tat, was jede beste Freundin tun würde: Sie fing lauthals an zu lachen. So sehr, dass sie sich am Treppengeländer festhalten musste.

»Das ist nicht witzig!«, schrie ich. Das war nicht nur nicht witzig, sondern die größtmögliche Katastrophe. Ich hatte einen verdammten *Liebespfeil* in der Brust. Für *Star*!

Desirée musste aber nur noch mehr lachen, so sehr, dass ich Angst hatte, sie würde ersticken.

Irgendwann fing sie sich schließlich und wischte sich die Tränen aus den Augen. »Tut mir leid. Aber die Ironie des Schicksals ist schon irgendwie amüsant.«

Wäre die Situation nicht so furchtbar gewesen, hätte ich ihr wohl zugestimmt. Aber leider war sie furchtbar.

Ich atmete ein paarmal tief durch. »Das ist bestimmt nicht schlimm. Nur ein Missgeschick. Ich meine, für echte Liebe muss brennbares Material da sein. Ich muss schwärmen. Und ich schwärme nicht für Star. Also kann ich den Pfeil wahrscheinlich einfach zerbrechen, und alles ist erledigt.«

Desirée nickte. »Das ist doch super. Also los.«

Ich holte tief Luft und umfasste den Pfeil in meiner Brust. Er war warm und pulsierte angenehm. Ein Blitz fuhr mir durch den Körper. Es fühlte sich an, wie wenn man von einer Person sanft berührt wird, die man mag. Kurz danach folgte ein wohliges Kribbeln und dann die berühmten Schmetterlinge im Bauch. Abwehrmechanismen des Pfeils. Wenn er um sein Leben fürchtete, schickte er die ganze Armada an Liebesgefühlen durch den Körper, damit man ihn in Ruhe ließ und doch verliebt blieb. Schließlich wollte er ja in der Brust gelassen werden. Blödes Ding! Ich würde keine Gnade mit ihm haben!

»Auf geht's«, rief ich und zog an dem Pfeil. Er bewegte sich nicht. Rausziehen klappte nicht. Also versuchte ich ihn zu biegen, um ihn zu zerbrechen. Warum war das Ding so störrisch? »Jetzt mach schon!«, brüllte ich ihn an. »Ich bin nicht in Star verliebt!«

Zur Antwort leuchtete der Pfeil noch doller. Das durfte doch nicht wahr sein, er machte sich über mich lustig!

»Vielleicht kann man den Pfeil gar nicht durch Kraft zerbrechen«, gab Desirée zu bedenken. »Vielleicht geht das nur, indem man das Herz gebrochen kriegt und nicht mehr verliebt ist.«

»Aber ich bin ja nicht in Star verliebt!«, rief ich und zerrte weiter an dem Pfeil.

»Und was, wenn doch?«

Ich verharrte auf der Stelle und sah Desirée an. »Wie bitte?«

»Was, wenn du doch verliebt bist?«

»Bin ich nicht!«

»Na ja, seitdem er dein Aufpasser ist, redest du von fast nichts anderem mehr. Und eben gerade erst hast du einige Verliebtheitsgründe an ihm gefunden.«

»Weil er mich nervt! Und die Gründe weiß ich nur, weil ich eine Liebesgöttin bin, hab ich doch gesagt!«

Desirée wiegte den Kopf hin und her. »Okay, aber wenn du jetzt an Star denkst, was fühlst du als Erstes?«

Wohlige, glückselige Wärme breitete sich in meinem Bauch aus. »Hass!«, antwortete ich sofort.

Desirée hob die Augenbrauen. »Und auf sein Aussehen bezogen? Was kommt dir in den Sinn?«

Seine schönen hermesblauen Augen und dieses charmante Lächeln. »Seine unfassbar hässliche Nase!«

Wieder Desirées Augenbrauen. »Und die erste Eigenschaft, die dir zu ihm einfällt?«

Dass er sich ernsthaft um die Gefühle anderer sorgt. »Seine arrogante Art!«

Die Hitze stieg mir ins Gesicht, bestimmt war ich komplett pink angelaufen.

Desirée grinste. »Ich glaube, du lügst.«

»Tu ich nicht!«

»Ach, da bist du, Valentina.« Beim Klang dieser Stimme wurden meine Beine Butter, und ich musste mich am Treppengeländer festhalten. Heiße Hitzeschübe waberten durch meinen Körper, breiteten sich aus und hoben meine Mundwinkel ganz dämlich in die Höhe.

Unten am Treppenansatz stand Star und sah zu mir hoch. Seine strubbeligen schwarzen Haare umrahmten sein Gesicht perfekt. Warum hatte ich noch nie bemerkt, wie hübsch er war? Und er sah mich direkt an, nein, er sah in mich hinein. Wow.

»Hast du unsere Mission vergessen? Die Pause ist gleich vorbei.« Diese Stimme war wirklich eine Kombination aus Vanilleeis und Schokosoße, samtig sanft und zuckersüß. Die schönste Stimme der Welt.

»Ja, ich komme gleich«, piepste ich.

Er nickte und ging davon.

Ich sah Desirée an, die vielsagend die Arme verschränkt hatte. Und mir wurde klar, dass sie recht hatte.

Oh Götter – ich war tatsächlich in Star verliebt!

Kapitel 7

I DON'T WANNA BE IN LOVE

»Das ist eine absolute Katastrophe!«, rief ich zum wahrscheinlich hundertsten Mal, als ich unser Haus betrat. »Ich kann nicht in Star verliebt sein. Das endet hier und jetzt.«

Desirée zog seelenruhig die Schuhe aus und stellte sie neben den Eingang. Schon flog eine Amorette – Fernando – herbei und brachte ihr ein Paar kuscheliger, pinker Pantoffeln, was sie ihm mit einem Lächeln dankte. Ich schnaubte. Mir brachten die Amoretten nie Pantoffeln. Wahrscheinlich weil Paps Desirée bei ihrem ersten Besuch so herzlich begrüßt und sie als »seinen menschlichen Gast« bezeichnet hatte. Und Amors Gäste mussten natürlich besonders umsorgt werden. Ich natürlich nicht, auf keinen Fall. Ich war ja nur seine Tochter.

Die Amoretten waren Amor komplett unterstellt und taten alles, was er von ihnen wollte. Sie hörten auf niemand anderen.

»Du findest Liebe doch toll«, sagte Desirée, während sie in die Pantoffeln schlüpfte. »Freu dich also einfach, dass du verliebt bist.« Sie grinste mich keck an. Ich funkelte böse zurück. Für meinen Geschmack genoss sie meine Zwickmühle ein bisschen zu sehr.

»Aber nicht in Star! In jeden, nur nicht in ihn.«

Zwei weitere Amoretten – Eugene und George – flogen herbei und begannen, Rosenblätter um mich herum zu verstreuen, wobei sie ihre herzallerliebste Glockenspielmelodie erklingen ließen.

Euer Ernst, Jungs?! Ich verstand ja, dass sie Liebesboten waren und Liebesgefühle feierten, aber das musste man mir doch nicht so unter die Nase reiben. Ich fuchtelte mit den Armen, um sie zu verscheuchen. »Haut ab jetzt!«

Die beiden waren allerdings ziemlich stur und schwebten erst weg, nachdem Eugene mir seinen ganzen Korb Blütenblätter über den Kopf gestreut hatte. Sie lagen nun in Herzform zu meinen Füßen.

Ich kapierte zum ersten Mal, warum Leute Lust hatten, sich zu übergeben, wenn es zu kitschig wurde. Moment mal … Ich deutete auf das Blütenherz.

»Wenn ich wirklich verliebt wäre, würde ich das doch süß finden, oder? Aber das ist einfach nur nervig! Also kann ich gar nicht verliebt sein!«

Ich trat aus dem Herz heraus – und plötzlich erscholl ein Streichorchester mit einer süßen, lieblichen Melodie. Die Geigen unter unserer Decke fiedelten, was das Zeug hielt.

»RUHE! Ich bin nicht verliebt!«, schrie ich sie an und schmiss einen meiner Schuhe nach ihnen. Ich traf eine der Geigen, die aus dem Takt kam, jedoch fröhlich weiterdudelte.

Desirée erinnerte sich jetzt endlich daran, dass ihre Aufgabe als Freundin war, mir beizustehen und meine Sorgen ernst zu nehmen. Sie tätschelte mir mitleidig den Rücken.

»Okay, wenn du wirklich nicht verliebt sein willst, finden wir bestimmt einen Weg, wie du den Pfeil wieder loswirst. Du bist Liebesgöttin, du kennst sicherlich ein paar Tricks.«

Das machte mir Mut. »Ich werde gleich einen Plan entwickeln.«

Mimi musste ich jetzt leider hintanstellen. Ich konnte sie nicht verlieben, wenn ich selbst verliebt war. Vor allem nicht in den gleichen Typen. Aber da sich dieses Star-Problem sicher schnell lösen ließe, würden wir das mit Mimi bis zum Treffen der Nachwuchsliebesgötter schon hinkriegen.

Die Flügeltüren zum Wohnzimmer krachten auf. Paps trat in den Flur, in all seiner glorreichen Göttlichkeit. »Habe ich gerade gehört, wie die Geigen das Liebeslied für Frischverliebte gespielt haben?«

Mit dem Fuß fuhr ich durch das Herz auf dem Boden, damit er das nicht auch noch sah. Auch wenn es keinen Unterschied machte. Denn schon packte er mich an den Schultern. »Valentina, du glühst richtig vor Liebe, total eingenebelt bist du! Ooooh, Herzchen, das ist ja toll!«

Verdammt, wie hatte ich meinen Vater vergessen können? Mich und diesen blöden Pfeil musste eine riesige Liebesaura umgeben. Für Menschen wie Desirée unsichtbar, für mich selbst auch, aber für andere Liebesgötter war ich quasi eine neonleuchtende Reklametafel. Für Liebesgötter wie meinen Vater. Und wie – schluck – *Star*.

Oh Götter, ich war Star in der Schule über den Weg gelaufen, kurz nachdem der Pfeil mich getroffen hatte. Hatte er etwas bemerkt? Bitte, bitte nicht!

Paps wirbelte um mich herum wie ein Balletttänzer. »Ich kann es nicht fassen. Mein kleines Mädchen ist verliebt! Sag schon, wer ist es? Und ist die Person auch in dich verliebt? Wer hat den Pfeil auf dich abgeschossen? Eine Amorette? Ein anderer Liebesgott? Vielleicht ... Moment mal!«

Er inspizierte den Pfeil in meiner Brust. Irgendwie fühlte sich das seltsam privat an, als würde er ungefragt meine Nasenlöcher untersuchen. Ich machte einen Schritt zurück und versuchte den Pfeil unter meiner Jacke zu verstecken. Natürlich ohne Erfolg.

»Ist doch egal, das hört eh bald wieder auf.«

Doch Paps, ehrwürdiger Gott, der er war, ließ sich nichts vormachen. Er stemmte die Hände in die Hüften. »Valentina, ist das etwa dein eigener Pfeil?«

Ich presste die Lippen aufeinander. »Neeeein?«, sagte ich vorsichtig.

Amors göttliche Augenbraue wanderte nach oben. »Das war eine rhetorische Frage. Ich erkenne deine Liebesmagie – du hast dich mit deinem eigenen Pfeil getroffen?«

»Es war ein Versehen, okay?«

Paps vergrub das Gesicht in der Hand. »Valentina!«, stöhnte er. Wenigstens *eine* adäquate Reaktion auf meine Situation. »Was machst du denn immer? Mit Liebespfeilen spielt man nicht, wie kannst du dich denn aus Versehen selbst treffen?«

Na super, eine erneute Enttäuschung. Ich glaube, für mich mussten die echt noch mal ein neues Kapitel im Liebesgottheitenregelwerk schreiben, da ich anscheinend alle Schlupflöcher fand, wie man Verliebungen ad absurdum führen konnte. Aromantische Menschen und Geschwister verlieben wollen, ohne Pfeil unkontrolliert Liebesmagie loslassen und mich jetzt aus Versehen selbst treffen. Eigentlich erbrachte ich hier einen ziemlich großen Dienst für die Liebeswelt: das perfekte Beispiel dafür, wie man es *nicht* machen sollte.

»Ich wollte wen anders treffen, und der Pfeil ist zurückgeprallt und hat mich erwischt. Das hätte jedem passieren können. Stimmt's, Desirée?«

»Zieh mich da nicht mit rein!« Desirée hob abwehrend die Hände.

Paps strich Desirée über den Arm. »Hallo, Desirée, Liebes. Schön, dich zu sehen, übrigens.«

Dann wandte er sich wieder mir zu. »Gut, ja, das kann passieren. Deswegen gibt es so viele Schießübungen. Aber offenbar hat es hier die Richtige getroffen.«

Ich zuckte zurück. »Was? Nein, gar nicht wahr! Hat es nicht, das war nur ein Unfall.«

Wie aufs Stichwort begannen die Geigen wieder zu spielen. Und schon wanderte Paps' göttliche Augenbraue erneut nach oben.

Ich stöhnte. »Okay, vielleicht war da doch ein bisschen brennbares Material, und eventuell bin ich wirklich ein kleines bisschen verliebt. Aber dafür kann ich nichts, und ich will das nicht, und es soll aufhören.«

Das Stechen in meinem Herzen bei dieser Aussage ignorierte ich stur. Wie konnten meine Liebesgefühle es wagen, sich gegen mich zu wenden?

Paps lachte und legte den Arm um mich. »Oh Herzchen, ich befürchte, so leicht ist das nicht. Du bist eine Liebesgöttin. Wir spüren Liebe viel intensiver, und sie lässt sich nicht so einfach beenden. Sie ist hartnäckig und kann über Tausende Jahre bestehen bleiben, wie bei mir und deiner Mutter.«

»Tausend Jahre?«, keuchte ich. »Das geht nicht. Ich kann nicht so lange in ihn verliebt sein. Ich kann nicht mal einen Tag in ihn verliebt sein!«

Paps grinste. »Soso, es ist also ein Junge. Darf ich mal den Namen auf dem Pfeil sehen?«

»Nein! Auf welcher Seite stehst du eigentlich?«, fauchte ich.

»Auf der Seite der Liebe, Valentina. Immer auf der Seite der Liebe.«

Mein böser Blick ließ ihn zögern. »Aber natürlich will ich auch dein Bestes. Also, wenn du wirklich nicht mehr in diesen Jungen verliebt sein willst, musst du dir ziemlich heftig das Herz brechen. Da braucht es schon einiges an Verletzung.« Er sah mich besorgt an. »Auch wenn ich nicht verstehe, warum du das so schlimm findest. Verliebtsein ist doch was Schönes. Außerdem magst du den Jungen doch.«

Ich wollte widersprechen, aber dann zögerte ich. Mir schossen leider tausend Bilder und Gründe in den Kopf, warum ich Star mochte. Wie er seine Hände in die Hosentaschen steckte, wie er jemanden freundschaftlich umarmte, seine Hilfsbereitschaft, sein freches Lachen. Eine Unverschämtheit, dass selbst meine Gedanken mich betrogen. Verliebtsein war echt anstrengend.

»Tu ich nicht«, behauptete ich trotzdem. Schon als ich es aussprach, merkte ich die Hitze in mir aufsteigen.

»Deine Liebesaura sagt mir was anderes«, erklärte Paps mir sofort. »Die ist wirklich gewaltig. Ich denke, dieser Junge hat ganz schön dein Herz erobert.«

Blöde, verräterische Aura! Ich presste mir die Hände auf die Ohren. »Sag das nicht!«

Was für eine furchtbare Vorstellung. Und falsch war sie auch. Ich verabscheute Star. Schon immer! Und das würde sich auch nie ändern!

Ich wandte mich an Desirée. »Er darf diese Liebesaura auf gar keinen Fall sehen! Sonst macht er sich noch mehr über mich lustig!«

»Warum sollte der Junge deine Liebesaura wahrnehmen können?«

Oh, Zerberuskacke! Jetzt hatte ich mich aber ordentlich vor Paps verplappert. Ich sah ihm schon an, wie er eins und eins zusammenzählte. Er schlug sich die Hände vors fett grinsende Gesicht. »Sag bloß, du bist in Star verliebt!«

Schon der Klang seines Namens ließ mein blödes Herz schneller klopfen. Amor schielte zu Desirée, die plötzlich sehr interessiert an der Decke war.

Und dann gab Paps das schrillste Kleine-Mädchen-Quietschen von sich, das man sich vorstellen konnte. Er fächerte sich Luft zu, und ich glaube, da waren sogar Tränen in seinen

Augen. Wie kann sich ein ehrwürdiger Gott plötzlich in ein Fangirl verwandeln?

»Oh, das ist ein Traum! Wir haben ja schon immer gehofft, dass ihr schlussendlich füreinander bestimmt seid und dieses ganze Gestreite nur eine Phase ist. Ich muss sofort Hermes anrufen!«

Er wollte schon davonflitzen, und ich konnte ihn gerade noch so an der Toga festhalten. »Auf keinen Fall! Wenn Hermes es erfährt, wissen es alle. Vor allem Star. Und der darf es nicht wissen. Niemals! Eher tausche ich mit Prometheus und lass mich jeden Tag von Adlern zerpicken!«

Paps merkte wohl, dass ihn seine Aufregung überwältigt hatte. »Oh, selbstverständlich. Dein Liebesgeständnis ist deine Sache, das werde ich dir nicht kaputt machen. Auch wenn ich als dein Vater natürlich sehr aufgeregt bin.«

»Danke.« Ich sah hinunter auf meine pink leuchtende Brust.

»Wird nur ein bisschen schwierig. Wie soll ich das vor Star geheim halten? Der sieht den Pfeil doch. Und die Aura!«

Paps kratzte sich den Bart. »Ja, das ist immer ein bisschen schwierig für Liebesgötter. Wir sind offene Bücher, wenn es um Liebe geht. Schwärmerei, kein Problem, aber das hier ...« Er zögerte. »Wen wolltest du denn eigentlich mit Stars Liebespfeil treffen?«

Boah, jetzt kam er mit dieser Sache an. Ein anderes Mädchen war das Letzte, worüber ich gerade sprechen wollte. Es stach ordentlich in meinem liebestollen Herzen, und schon sah ich Mimis strahlend schönes Lächeln vor meinem Gesicht, dem Star anscheinend verfallen war.

»Kannst du mir jetzt helfen oder nicht?«, wechselte ich das Thema.

Paps blinzelte und überlegte wohl, ob er auf einer Antwort beharren sollte oder nicht, entschied sich dann aber dagegen. »Es gibt tatsächlich eine Möglichkeit, einen Liebespfeil vor den Augen anderer Liebesgötter zu verstecken.«

Göttern sei Dank! »Und wie mache ich das?«

Amor hob abwehrend die Hände. »Ich werde das lieber für dich übernehmen. Sonst explodiert am Ende das Haus. Oder Desirée.«

Die sah uns beide mit großen Augen an und wich einen Schritt zurück.

»Aber keine Sorge, du kannst den Zauber jederzeit wieder aufheben. Einfach durch Willenskraft. Ein wenig so, wie du Menschen erlauben kannst, deinen Bogen zu sehen.« Amor zögerte. »Nur, dass dir das bewusst ist: Ich werde nicht die Verliebtheit selbst verschwinden lassen. Ich mache sie und den Pfeil nur für Liebesgötter unsichtbar. Die Chance, dass Star es herausfindet, ist immer noch gegeben.«

Das konnte ich in Kauf nehmen. Ich hatte nicht vor, Star ins Gesicht zu springen und ihm meine Liebe zu erklären. Obwohl es natürlich schön wäre, das zu tun. Vielleicht würde er mir ja im Gegenzug auch sagen, dass er mich liebte, und wir würden uns küssen und …

Reiß dich zusammen, Valentina! Jetzt wollte ich schon, dass Star in mich zurückverliebt war? Ich musste schleunigst etwas gegen diese Liebe unternehmen, bevor ich etwas tat, was ich bereute.

Kapitel 8

LITTLE BIRD

Desirée verschluckte sich an ihrer Zimtschnecke, als ich ihr am nächsten Tag in der Schule meine drei pinken Notizbücher aufs Pult knallte. »Ich war die ganze Nacht wach und habe alle möglichen Pläne geschmiedet«, erklärte ich mit einer Vehemenz, die man nur haben konnte, wenn man etwas sehr gut durchdacht hatte – und durch drei extragroße Energydrinks in einer aufrechten Position gehalten wurde. Mein Onkel Dionysus, Gott des Weines, der Ekstase und der durchfeierten Nächte, hatte sie gebraut. Wenn man zu viel davon trank, bestand allerdings die Gefahr, nie wieder zu schlafen. »Entliebung, ich komme! Ich fühle mich schon gleich viel weniger verliebt.«

Desirée nahm einen tiefen Schluck Wasser und sagte, nachdem kein Zuckerguss mehr ihre Luftröhre verklebte:

»Spannend. Und ist der Pfeil sogleich vor Ehrfurcht vor diesen Plänen zerbrochen?«

Ich schielte hinunter auf das Kleinod in meiner Brust, das frech pink vor sich hin puckerte – die Pfeilversion von Zungerausstrecken.

»Nein«, knirschte ich. »Aber das wird er. Schon bald. Denn mit nur ein wenig Nachhilfe werde ich mir höchst effizient selbst das Herz brechen, und der Pfeil wird abfaulen wie eine überreife Pflaume. Dann ist alles wieder in bester Ordnung.« Ich blätterte durch die Seiten und hielt ihr eine Skizze hin. »Zuerst muss Bussi Star ausspionieren und dafür sorgen, dass er mir nicht zu nahe kommt. Es wäre äußerst fatal, wenn er mir über den Weg läuft. Verliebte sind unberechenbar in Anwesenheit derjenigen, in die sie verliebt sind.« Das war quasi Kapitel eins des Liebesgötterhandbuchs, und ich wollte diesen Fakt nicht in der Praxis testen.

Desirée legte den Kopf schief. »Ist das moderne Kunst, oder hältst du es falsch herum?« Ich sah auf die Zeichnung. Hm. Heute Nacht war sie mir noch über alle Maßen logisch vorgekommen. Jetzt wirkte es, als hätte ein Kleinkind mit einer Katze um Buntstifte gekämpft.

»Egal! Der erste Teil des Plans ist klar.«

Desirée biss wieder in ihre Zimtschnecke. Mutig, dem Ding noch eine Chance zu geben, das sie gerade fast getötet hatte. »Schon. Aber wo ist Bussi?«

Ich sah mich erschrocken um. Er war ganz sicher mit mir zur Schule gekommen. Jagte er etwa schon wieder Pausenbrote?

»Okay, dann …« Ich blätterte fieberhaft durch die Notizbücher. »Dann muss Philemon uns helfen. Das geht auch.«

Ich hob das Buch hoch, und prompt fielen einige lose Blätter heraus. »Gorgonenschleim noch mal!«, fluchte ich und begann die Papiere einzusammeln.

Desirée beugte sich unter den Tisch, um mir dabei zuzugucken. »Vielleicht solltest du überlegen, dich nicht ganz so krass da reinzusteigern und nachts lieber zu schlafen?«

»Ich steigere mich in gar nichts rein!«, rief ich, wütend meine Zettel schwenkend. »Ich muss mich so schnell wie möglich um dieses Problem kümmern, um mich danach wieder meiner eigentlichen Mission zuwenden zu können. Dieses Verliebtsein ist eine unnötige Ablenkung.«

Ich steckte die Notizen zurück ins Buch, stand schwungvoll auf – und rasselte dabei volle Karotte in irgendjemanden hinein, wodurch ich das Buch wieder fallen ließ.

Nein, nicht in irgendjemanden. *Star*. Der Pfeil schickte ein elektrisierendes Gefühl durch meinen ganzen Körper, und alle Alarmglocken schrillten, nur weil er mich berührt hatte. Nein, *ich* hatte ihn berührt. Und schon wieder in einer absolut peinlichen Situation! So würde Star mich doch total bescheuert finden! Moment, das war gut. Bescheuertfinden war das Gegenteil von Verliebtsein!

»Augen sind zum Gucken da, Valentina«, murmelte er mit einem abschätzigen Blick. Diesmal war der Blitz von der anderen Sorte. Wie konnte er es wagen! Verliebt zwiebelten seine gemeinen Sprüche noch mal anders.

Star hob das pinke Notizbuch auf, blätterte es aber – den Göttern sei Dank – nicht durch. »Noch mehr Notizen für unsere Mission?«

Ich bekam irgendwie ein Nicken zustande.

Und Star antwortete verblüffenderweise mit einem Lächeln. »Eins muss man dir lassen – du nimmst das ernst. Viele der anderen Nachwuchsliebesgötter halten nichts von akribischer Vorbereitung. Schön zu sehen, dass ich nicht der Einzige bin, der Planung wichtig findet.« Er wedelte mit seinem Handy.

Hatte er gerade angedeutet, dass wir *perfekt* zueinanderpassten? Das musste er gemeint haben, ganz sicher. Mein Herz pochte in meinen Ohren, und Hitze schoss durch meinen Körper. Und dann dieses Lächeln …

Sofort verwandelten sich meine Knie in Halbfettmargarine, und ich musste mich am Tisch hinter mir festhalten, um nicht vollkommen zu einer Pfütze aus pink glitzernder Liebesmasse zu zerfließen.

Verdammte Zerberuskacke! Dass ich so fühlte, würde ich ihm nie verzeihen! Diesem Blödmann mit seinen perfekten Zähnen und dem genau richtig verwuschelten Haar!

Er hielt mir das Buch hin. Zittrig nahm ich es entgegen und bedankte mich mit einem sehr eloquenten: »*Fndrskjakrr.*«

Er machte ein verwirrtes Gesicht, und ich schlug mir die Hand vor den Mund. Was war das denn?

»Jedenfalls sollten wir über unsere nächsten Schritte reden. Ich habe mich gestern bei Mimi im Namen von Felix entschuldigt, und ich glaube, sie wäre wieder empfänglich für etwas Neues. Aber wie Aphrodite sagte: Wir sollten dabei zusammenarbeiten. Sonst schaffen wir die Mission nicht.«

Vielleicht hatte ich ihn ja doch falsch eingeschätzt. Er wollte mich einbeziehen. Wie süß! Ich spürte, wie ich lächelte. Krampfhaft versuchte ich, meine Mundwinkel wieder in die andere Richtung zu bewegen.

Star sah mich jetzt richtig besorgt an. »Alles okay bei dir?«

Ich blickte panisch zu Desirée. Wenn ich mich weiter so verhielt, würde er bald merken, dass etwas nicht stimmte. Vielleicht sogar erkennen, dass ich verliebt in ihn war. Oh Mist, das durfte nicht passieren!

Also packte ich Desirée. »Ich kann jetzt nicht!«, murmelte ich nur. Dabei schaute ich ihn nicht an, sonst hätte ich sicher gar kein Wort herausgebracht. Blitzschnell zog ich Desirée an Star vorbei aus dem Raum. Warum war mir noch nie aufgefallen, wie gut er roch? Heimlich nahm ich einen tiefen Atemzug, damit sich dieser Duft in meiner Nase festsetzte.

Ich war echt hoffnungslos verloren! Als hätte ich eine Gehirnwäsche bekommen.

Ich lief mit Desirée auf den hinteren Pausenhof, wo nie was los war. Hier konnten wir uns in Ruhe unterhalten.

»Was sollte das denn?«, beschwerte Desirée sich.

»Es war zu knapp!«, keuchte ich. »Fast hätte Star gemerkt, dass ich in ihn verliebt bin.«

»Ach, Quatsch«, winkte Desirée ab. »Nur weil du ein bisschen gestammelt hast und so. Ich glaube nicht, dass das seine erste Schlussfolgerung war. Jungs sind nicht so aufmerksam. Erinnere dich doch mal an Philemon.«

»Aber Star ist ein Liebesgott, der kennt sich mit so was aus!«

Desirée runzelte die Stirn. »Da ist unter Umständen was dran.«

Nicht unter Umständen, sondern ganz bestimmt.

Ich rieb mir das Gesicht. »Deshalb wollte ich nicht mit ihm reden. Ich weiß doch, wie Verliebte auf ihre Umschwärmten reagieren. Das wäre so peinlich, wenn er es herausfinden würde …«

Desirée sah mich nachdenklich an. »Warum denn?«

»Hä?«

»Warum wäre das peinlich? Ich meine, wenn er ein Liebesgott ist, ebenfalls noch in der Ausbildung, dann weiß er doch, dass so was aus Versehen passieren kann, und kann damit umgehen. Ihr könntet darüber reden, weiter an eurer Mission arbeiten, und vielleicht würdest du dich am Ende sogar entlieben. Win-win.«

»Ich kann ihm nicht sagen, dass ich in ihn verliebt bin!«

»Weil?«

»Das geht halt nicht.«

Wissend fing sie an zu grinsen. Und ich erkannte, dass ich damals Leila genau das Gleiche geraten und nicht verstanden hatte, was das Problem war. Im Gegensatz zu jetzt. »Oh.«

Desirée schüttelte den Kopf. »Ich weiß nicht, ob ich dir das mal gesagt habe, aber ich bin echt froh, dass ich aromantisch bin und mich mit so was nie auseinandersetzen muss. Verliebtsein klingt echt kompliziert.«

Da sagte sie was. Es war, als ob ich krank wäre. Warum genau tat ich das Menschen eigentlich freiwillig an? Das war ja Folter! Ich war die Göttin der Folter. War es zu spät, den Job zu wechseln?

Nein. So ein Blödsinn. Normalerweise ist Verlieben schön, ich machte nur gerade eine anstrengende Erfahrung. Ich sollte professionell bleiben und zumindest versuchen, Desirée eine logische Erklärung für mein Verhalten zu geben.

»Star nimmt mich als Liebesgöttin nicht mehr ernst, wenn er das rausfindet. So ein Missgeschick würde ihm nie passieren. Und bestimmt kriegt er sich vor Lachen nicht mehr ein, weil *ich* mich in *ihn* verliebt habe. Das pusht nur unnötig sein ohnehin schon zu großes Ego. Die mieseste Nachwuchsliebesgöttin und der Musterschüler.«

»Na, jetzt machst du dich aber klein.«

»Nein, ich erkläre dir nur, wie *er* denken würde. In Wahrheit bin ich natürlich zu gut für ihn.«

Desirée hielt sich die Hand vor den Mund und murmelte: »Wo wir gerade von Ego sprechen ...«

»Was?«

»Nichts, nichts.« Sie sah mich an. »Und das sind wirklich die einzigen Gründe?«

Dann weißt du, dass Star dich nicht mag, flüsterte meine kleine innere Stimme.

»Ja«, meinte ich.

Wahrscheinlich wusste Desirée selbst, dass ich nicht die Wahrheit sagte, aber sie quälte mich nicht mit Nachfragen.

»Sehen wir das alles mal positiv – eigentlich ist das doch ganz großartig für deine Arbeit.«

»Dass ich in Star verliebt bin? Was soll daran denn bitte großartig sein?«

»Na ja, du willst doch Göttin der ersten Liebe werden. Und jetzt erlebst du die erste Liebe. Dadurch kannst du dich viel besser in diejenigen hineinversetzen, die du verliebst.«

Ihre Worte waren gut gemeint, und ihr Argument war nicht schlecht – eigene Erfahrungen waren super. Aber nur ein einziger Gedanke schoss mir durch den Kopf, ein furchtbarer: »Ich erlebe meine erste Liebe mit Star!«

Desirée schaute mitleidig. »Immerhin sieht er ganz gut aus?«

Ich fuhr mir durch die Haare. Das durfte doch nicht wahr sein. Ich war zwar diejenige, die stets predigte, dass die erste Liebe nicht perfekt sein musste, sondern oft auch holprig war. Doch ich war auch diejenige, die sagte, dass man sich für immer an die erste Liebe erinnerte. Und jetzt würde ich mich mein ewiges Götterleben lang an meine erste Liebe zu Star erinnern.

Was mich aus meinen Überlegungen über diese Misere riss, war ausgerechnet das Geräusch von Flügelflattern und Gegurre. Ziemlich glücklich klingendes, aufdringliches Gegurre. Hedone würde sogar sagen: sexy Gegurre.

Desirée hörte es auch. Es drang hinter der Hecke hervor. Leise schlichen wir uns an, um die Vögel nicht zu erschrecken, und spähten über die Äste.

Wir waren beide so überrascht, dass wir uns synchron die Hand vor den Mund schlugen, um nicht aufzukreischen.

Einer der Vögel war Bussi. Und der andere war die Taube, die ab und zu über den Pausenhof wackelte und die er selbst des Öfteren als »garstig« bezeichnet hatte.

Offenbar hatte er seine Meinung geändert, denn irgendwie waren die beiden Vögel sich jetzt sehr nah, kuschelten sich aneinander und taten das, was wohl das Vogeläquivalent von »rumknutschen« war. Was zum Hades?

Ich hatte nicht das Gefühl, dass wir hier zugucken sollten, aber es war unmöglich, sich abzuwenden. Da steckte Bussi seinen Schnabel unter den Flügel der Taube, und das wurde mir dann doch zu viel.

»Bussi! Das ist 'ne Schule hier!«, rief ich.

Beide Vögel erschraken furchtbar – die Taube, die ja ein ganz normaler Vogel war, sogar so sehr, dass sie sich auf und davon machte.

»Nein, Hildegard, warte!«, rief Bussi flehend, bevor er sich uns zuwandte. »Na, schönen Dank auch!«

»Hier warst du also den ganzen Morgen?«

Bussi plusterte sich auf. »Ja, ich denke, auch mir steht ein wenig Privatsphäre zu, nicht wahr?«

»Aber fandest du diese Taube nicht immer seltsam und dachtest, sie führt etwas im Schilde?«, wollte Desirée wissen.

»Und hattest du dich nicht übertrieben aufgeregt, als du dachtest, ich würde dich mit ihr verkuppeln wollen?« Ich richtete mich auf und äffte Bussi nach: »Ich habe nichts gegen Tauben, ich habe etwas gegen *diese* Taube.«

Bussi ließ sich davon nicht im Geringsten aus der Ruhe bringen und putzte sich sein Gefieder. »Nun, das mag sein. Aber ich sehe ein, dass ich mich geirrt habe. Hildegard besitzt einige positive Eigenschaften, die mir, nun ja, zunächst entgangen waren.«

Er begann, mit den Flügeln zu schlagen. »Und nun entschuldigt mich, ich muss meine Angebetete wiederfinden.«

Schnell erhob er sich in die Lüfte, wobei er laut »Hildegard, Süßflügelchen, wo bist du?« flötete.

»Das war schräg«, kommentierte ich. »Und ich glaube nicht, dass ich das sehen wollte.«

Desirée zuckte mit den Schultern. »Tja, man kann halt nicht kontrollieren, wo die Liebe hinfällt. Manchmal ist das merkwürdig. Aber Liebe muss ja nicht gut sein, sondern wahr.«

Ich stöhnte. Meine Worte färbten viel zu sehr auf sie ab.

»Weißt du, was mir bei meiner Karriere noch mehr helfen wird als die Erfahrung, wie sich erste Liebe anfühlt?«

Desirée schüttelte den Kopf. »Nein?«

»Wenn ich mir das Herz breche! Denn wenn ich weiß, wie das geht, wie es passiert und welche Gefühle das auslöst, macht mich das zu einer fantastischen Liebesgöttin. Einfühlsamer und erfahrener denn je.«

»Valentina, das klingt nicht nach einem guten Plan.«

»Das ist ein fantastischer Plan! Und wir setzen ihn sofort um.« Ich zog eins meiner pinken Notizbücher hervor. »Wir machen da weiter, wo diese Katastrophe angefangen hat.«

Kapitel 9

BELONG TOGETHER

Mein Plan war so einfach wie kompliziert: Star und Mimi mussten sich ineinander verlieben. Nicht nur, weil dann automatisch unsere Mission gelöst sein würde, sondern vor allem, weil es mir das Herz brechen würde. Und wenn ich wusste, dass er tatsächlich in jemand anderen verliebt war – durch meinen eigenen Pfeil –, dann musste sich mein Herz beugen und akzeptieren, dass es keine Chance gab, Star für mich zu gewinnen.

Der Gedanke daran tat weh, ganz schön weh, ehrlich gesagt, doch das bedeutete, dass ich genau das tun musste. Es würde funktionieren. Und Mimi bekam den perfekten Freund …

Zunächst einmal wollte ich mit Mimi ins Gespräch kommen und abklären, wie sie zu Star stand. Ich musste schließlich sichergehen. Und so ein Gespräch würde mich dem Pfeilzerbrechen sicherlich einen Schritt näher bringen.

Leider war Mimi nicht auf ihrem üblichen Treppenplatz. Ausgerechnet heute! Ich hatte wirklich keine Lust, das gesamte Schulgelände abzusuchen.

»Wo ist sie denn?«, rief ich laut.

»Auf dem Hof ist sie nicht«, antwortete Desirée und spähte umher. Vielleicht hatte Mimi sich irgendwohin zurückgezogen. Nur wohin?

»Ich hab eine Idee«, rief Desirée und deutete auf einen Jungen, der allein auf einer Bank saß und ein paar Zettel in einer Mappe studierte. Seine langen Haare hatte er im Nacken zusammengebunden, und seine Haut war so hell, dass ich mir sicher war, dass er schon Sonnenbrand bekam, wenn er nur an die Sonne dachte. Ich hatte ihn noch nie gesehen. Aber Desirée kannte ja jeden an dieser Schule.

»Yannick spielt Klavier im Schulorchester«, erklärte sie. »In dem Orchester, in dem Mimi früher gesungen hat, bis der Orchesterleiter sie rausgeworfen hat, weil er meinte, dass sie zu laut singt.«

Ich erinnerte mich an die Geschichte. Als Mimi die Castingshow gewonnen hatte, hatte der Orchesterleiter gesagt: »Jetzt werde ich für immer derjenige sein, der Mimi damals aus dem Orchester geworfen hat.«

»Und wie soll er uns helfen?«

Desirée lächelte. »Yannick ist ein Einzelgänger. Wie mein Bruder. Und das Coole an denen ist: Die sagen nicht viel, wissen aber immer über alles Bescheid.«

Also stakste sie auf Yannick zu, und ich folgte.

»Hey, Yannick, weißt du, wo Mimi ist?«

Nur widerwillig sah Yannick von seiner Mappe – Klaviernoten, wie ich feststellte – auf.

»Was wollt ihr denn von ihr? Seid ihr Fans?« Sein argwöhnischer Blick verriet, dass wir das lieber verneinen sollten. Bei so was überließ ich Desirée das Reden. Sie wusste immer, was man sagen musste.

Auch jetzt grinste sie: »Nö, aber wir suchen einen Freund von Valentina, und wir glauben, dass sie zusammen rumhängen. Star, kennst du bestimmt. Neu an der Schule, schwarze Haare, Skaterschuhe.«

Ich würde mich so dermaßen an ihr rächen, dass sie Star einen »Freund von mir« genannt hatte!

Yannick sah immer noch skeptisch aus, aber er klappte seine Mappe zusammen. »Ich hab eine Ahnung, wo sie sein könnte. Kommt mit.«

Yannick führte uns über den Hof – in eine Ecke, an der wir noch nie waren. Wir mussten hinter dem Geräteschuppen entlang, bis zu den Mülltonnen der Schule. Wollte er uns reinlegen? Weil er uns doch für Fans hielt, die Mimi belagern wollten? Aber dann entdeckte ich Mimi, die oben auf den geschlossenen Deckeln der Metallmülltonnen saß. Sie hatte sich an die Wand des Schuppens angelehnt, die Augen geschlossen, und ließ sich die Sonne aufs Gesicht scheinen.

Desirée hatte richtiggelegen. Einzelgänger wussten tatsächlich alles.

»Hierher kam sie früher schon immer, um ihre Ruhe zu haben. Aber dein Freund ist wohl nicht da. Na ja. Ich muss dann auch wieder los.« Yannick drehte sich um und ging davon.

Ein echter Geheimtipp, dieser Ort. Gerade für Mimi. Irgendwie fühlte es sich falsch an, dass ich sie genau hier, in ihrem Versteck, stören musste. Aber es half nichts – wann würde ich sie sonst mal allein erwischen?

Doch bevor ich zu ihr konnte, zeigte sich, dass ich recht hatte: Es war nicht cool, sie hier zu stören.

Der Schuppen stand ziemlich nah am Zaun der Schule, auf der anderen Seite befand sich ein Waldstück. Da würde man absolut nichts und niemanden erwarten. Eigentlich. Doch ein Junge lief außen vorbei, sah Mimi – und verlor den Verstand. Er presste sein Gesicht an den Zaun. »Du bist doch Mimi! Hey, Mimi! Hallo, ich bin dein größter Fan! Krieg ich ein Foto?«

Mimi wurde schlagartig aus ihrer Entspannung gerissen und sah den Jungen verdattert an.

»Äh, nee, ich bin in der Schule.«

»Och, hab dich nicht so!«, rief der Junge. Und bevor Mimi was dagegen tun konnte, knipste er ein Foto mit seinem Handy.

»Hey, ich hab Nein gesagt!«, rief Mimi, sprang von dem Container und rannte zum Zaun, doch der Junge hielt das Handy außerhalb ihrer Reichweite, und sie kam nicht durch die Maschen. Sie versuchte, den Zaun hochzuklettern, rutschte aber immer wieder ab.

Das durfte nicht wahr sein! Ich rannte los, um ihr gegen den Blödmann beizustehen.

Doch jemand anderes war schneller. Ich spürte ihn, bevor

ich ihn erblickte, seine ganz besondere Liebesaura. Mein Herz schlug einen Purzelbaum, obwohl diese Aura ja gar nicht mir galt. Blitzschnell huschte Star über den Zaun und ließ sich drüben vor dem Typen zu Boden fallen. Klar war es für ihn einfacher, den Zaun zu überwinden – er hatte ja seine Flügelschuhe und konnte sie so geschickt und schnell einsetzen, dass weder Mimi noch der Typ sahen, wie er die kleinen Flügel aus- und einfuhr. Es sah einfach aus, als wäre er ein heißer Stuntman.

Kann man seinem eigenen Herzen eigentlich befehlen, die Klappe zu halten?

»Lösch es!«, knurrte er den Typen an. »Und dann verpiss dich!«

Der Kerl war so perplex, dass er tat wie geheißen. Götter-Charme konnte ganz schön einschüchtern.

Als der Fan weg war, schwang Star sich zurück über den Zaun. Desirée zog mich ein wenig hinter den Schuppen, damit die beiden uns nicht entdeckten. Ich wäre wohl einfach wie festgefroren stehen geblieben, gefangen in meiner bekloppten Star-Anhimmelung.

»Sorry, du hättest das auch allein hingekriegt«, entschuldigte Star sich bei Mimi. »Sollte nicht so machomäßig aussehen.«

Genau, war ja wohl die Höhe, dass der Typ nur auf einen anderen Jungen hörte und nicht auf das »Nein« eines Mädchens!

Mimi lachte. »Schon okay, ich hab ja beim Klettern voll versagt, also danke. Und danke, dass du dich entschuldigst.«

Sie lachte erneut, wobei zarte Liebeswolken von ihr ausgingen – und Star lächelte zurück. Dieses herzschmelzende, zauberzuckersüße, knieerweichende Lächeln. Ach, wenn er es doch nur mir schenken würde und nicht Mimi!

Desirée beugte sich zu mir und flüsterte mir ins Ohr: »So, wie du grinst, muss ich deinen Pfeil nicht mal sehen können, um zu wissen, dass er leuchtet wie eine Neonreklame.«

Mein Kopf ruckte nach unten. Es stimmte – dieser Mistpfeil glühte so hell und pink, dass ich damit ein ganzes Theater hätte ausleuchten können.

»Oh, zum Hades noch mal!«, zischte ich. Hoffentlich war der Pfeil für Star wirklich unsichtbar.

Mimi verschränkte cool die Arme. »Machst du Parkour oder so was? Das war echt heftig.«

Star rieb sich verlegen über den Arm. »Ja, so was Ähnliches.«

Seine zarte, behutsame Liebesaura war überwältigend und wurde immer stärker. Und autsch, wie weh das tat! Wie Gift, das meinen Körper von innen zerstörte. Ich sah den Pfeil in meiner Brust flackern.

Ich war auf dem richtigen Weg. So würde ich mir das Herz brechen können. Und gleichzeitig Mimi die Liebe ermöglichen, die sie verdiente. Und nicht nur ihr: auch Star! Auch er verdiente wahre, echte Liebe. Und wenn das nicht mit mir war, dann war das eben so, auch wenn mein Herz bei dem Gedanken zerspringen wollte. Hauptsache, er war glücklich.

Wow. Wenn ich so dachte, dann war ich wirklich und wahrhaftig verliebt. Ich schaute hoch in die Wolken und versuchte, die Tränen wegzublinzeln, die sich unweigerlich aus meinen Augen schoben. Am liebsten hätte ich geschrien, wenn es dadurch weniger wehgetan hätte. Warum nur war Liebe so verdammt schmerzhaft?

Kapitel 10

THE BEST

Ich brauchte einen anderen Ort und einen anderen Zeitpunkt, um mit Mimi zu sprechen.

Dank ein bisschen göttlicher Spionage fand ich beides: morgens, auf dem Weg zur Schule. Trotz der Fans und trotz ihrer Berühmtheit nahm Mimi nämlich immer noch das Fahrrad. Damit sie dabei nicht belagert wurde, wählte sie immer andere Wege. Absolut unvorhersehbar. Es sei denn, man war eine der Moiren, also der Schicksalsgöttinnen, und konnte in die Zukunft sehen. Und eventuell hatte die mittlere dieser Moiren, Lachesis, eine furchtbare Schwäche für die veganen Pistazienkekse, die es beim Bäcker neben der Schule gab, die eine gewisse Nachwuchsliebesgöttin besuchte …

Somit stand ich am Morgen bereit, Mimi zufällig über den Weg zu radeln. Ich hatte mir von Metafora, Göttin der Transportmittel und Nichte von Hermes und Hephaistos, ein Rad geliehen. Sie hatte mir versichert, dass es sehr einfach zu fahren sei, es gehe quasi von selbst und sei gar nicht anstrengend.

Offenbar hatte sie dabei allerdings von sich selbst gesprochen, denn als Mimi an mir vorbeizischte, hechelte ich mir mega einen ab, um sie einzuholen. Schon nach zwei Minuten war ich aus der Puste. Mimi hingegen sah aus, als würde ihr das Fahren gar nichts ausmachen. Sie hatte aber auch deutlich mehr Übung als ich.

Zumindest hatte das göttliche Fahrrad ein paar kleine Gadgets. Zum Beispiel den Ultra-Speed-Modus. Ich hoffte nur, dass der mich nicht direkt ins nächste Gebüsch katapultieren würde.

Ich drehte das kleine Rädchen am Lenker – und mit einem kurzen Tritt in die Pedale sauste das Rad über die Straße wie eine Rakete. Zum Glück war es nur ein kleiner Stups gewesen – mit einem kräftigen Tritt hätte ich wohl einmal die Erde umrundet. Aber so war ich jetzt kurz hinter Mimi. Den Göttern sei Dank konnte ich mich auf dem Rad halten.

»Hey, Mimi!«, rief ich, als ich zu ihr aufschloss.

Sie erschreckte sich kurz. »Wer bist du?«

Ach ja, offiziell kannten wir uns noch gar nicht. Schon hatte sie einen panischen Blick in ihren Augen und war im Begriff, schneller zu treten. Sie sah in mir vermutlich ein crazy Fangirl, das ihr aufgelauert hatte. Oje.

»Ich bin Valentina, eine Freundin von Star!«, benutzte ich Desirées Lüge. Immerhin hatte die bei Yannick auch funktioniert. Während sich die Worte in meinem Mund wie Essig anfühlten, machte mein Herz einen Satz, weil ich mich selbst als »Freundin« bezeichnet hatte. Echt, ey …

Tatsächlich hatte diese Aussage auch diesmal den gewünschten Effekt. Mimi wurde langsamer und war jetzt nicht mehr im Fluchtmodus. »Oh, ach so?«

»Ja, Sandkastenfreundin. Wir kennen uns schon ewig. Schon bevor wir auf diese Schule gekommen sind.«

Wenigstens war das nur halb gelogen.

»Cool«, sagte Mimi nur.

»Jedenfalls hat er in letzter Zeit ziemlich oft von dir geredet.« Auch immer noch keine Lüge, nur halt anders, als sie vielleicht annahm. »Und da dachte ich mir, dass ich unbedingt mal dieses Mädchen kennenlernen will, das meinen besten Freund so fasziniert.«

Ich spürte schon wieder einen Würgereiz. Hoffentlich würde ich nach meiner Ausbildung nicht mehr auf solche Tricks angewiesen sein, das hielt man ja auf Dauer nicht aus.

»Er ist *fasziniert*?«, fragte Mimi skeptisch.

Mist, das klang, als ob Star auch nur ein Fanboy wäre. Aaaah, das war aber auch schwierig.

»Nee, nicht, wie du denkst. Er ist kein Fan von dir. Also, er ist bestimmt schon Fan von dir, deine Musik ist ja toll, aber du weißt schon …«

Wie konnte man sich eigentlich sein eigenes Grab schaufeln und gleichzeitig Fahrrad fahren?

Ich holte tief Luft. »Ich meine, er ist von dir als Mensch fasziniert, nicht nur, weil du berühmt bist!«

So nämlich. Hoffentlich glaubte sie mir das.

»Aha«, antwortete Mimi und fuhr schweigend weiter. Bei ihr sah das weiterhin total einfach aus, und ich kam schon wieder voll aus der Puste.

»Er ist wirklich ganz süß«, sagte Mimi unvermittelt.

Ich verpasste einen Tritt und maulte mich beinahe auf die Nase, so überrumpelt war ich. »Ach, findest du?«

Mimi nickte. »Ja, irgendwie so anders als die anderen Jungs. Er merkt immer, wie es den Leuten geht und was sie brauchen. Findet die richtigen Worte. Wie ein Gedankenleser, ein bisschen gruselig.«

»Du findest ihn gruselig?«

»Nee, er ist halt einfach mega aufmerksam, als hätte er alle im Blick. Das klingt jetzt bestimmt richtig eso-mäßig, ich weiß, aber …«

Mimi lachte, so, wie man lacht, wenn einem was peinlich ist.

Dabei musste es das gar nicht sein. Durch seine Fähigkeiten als Liebesgott war Star sowieso schon sensibler für die Gefühle der anderen, aber es stimmte, dass er besonders aufmerksam war. Da war dieses eine Mal in der Göttergrundschule, als Hedi sich über mein Shirt lustig gemacht hatte und Star vor der Schule ganz seltsam gefragt hatte, ob alles okay sei. Als hätte er was geahnt. Oder wie er Philemon einfach so seine Powerbank gereicht hatte, als dieser gerade anfing, nach einem Ladekabel zu suchen. Weil Star ganz genau gemerkt hatte, dass Philemons Handyakku zur Neige ging. Star machte immer Platz, um jemanden vorbeizulassen, wenn ich die Leute noch gar nicht bemerkt hatte. Er hatte immer den Überblick über den Raum.

Genauso, wie er gewusst hatte, dass Mimi eine Entschuldigung von Felix brauchte. Oder dass er sich gestern für ihre Rettung entschuldigt hatte. Das war schon ziemlich aufmerksam von ihm gewesen.

Der Pfeil in meiner Brust begann zu puckern. Ich hatte geahnt, dass ich mich in Hades' Küche begab, wenn ich Mimi nach ihren Gefühlen fragte, und Hades war ein grauenvoller Koch. Schnell rief ich mir in Erinnerung, dass Star auch nie eine Gelegenheit ausgelassen hatte, mich vor den anderen Nachwuchsliebesgöttern vorzuführen. *Das* hatte ich nie gebraucht.

»Du hast schon einen tollen besten Freund«, stellte Mimi fest. »So viele gute Jungs wie Star gibt es nicht.«

Woah, jetzt hatte sie aber noch mal richtig einen rausgehauen und mein schönes Ablenkungsmanöver zunichtegemacht. Der Pfeil schoss Liebe durch meinen Körper, und alles kribbelte. Ich spürte, wie ich begann, selig zu grinsen. Liebespfeil, du gerissenes Mistding!

»Freut mich riesig, dass du ihn magst!«, sagte ich also, um meine Gefühle zu überrumpeln. Und um meine Gefühle so richtig auszutricksen, ergänzte ich: »Mal so unter uns: Ich glaube, er steht auf dich.«

Natürlich hätte ich das nicht sagen sollen. Ich sollte nicht einfach so die Gefühle anderer preisgeben. Aber ich schätzte Star und Mimi so ein, dass sie das verkraften konnten. Und ich musste ihre Beziehung ins Rollen bringen. Auch wenn ich ihr dabei nicht in die Augen schauen konnte und es sich anfühlte, als würde meine Arterie einen Knoten um mein Herz wickeln.

Es funktionierte. Mimi lächelte. »Oh. Okay. Das ist ... toll. Ich mag ihn auch sehr.« Und da sah ich sie wieder, kleine Liebesschwaden, die um sie herumtanzten. Es gab brennbares Material. Das konnte was werden!

»Aber weißt du, ich hab ehrlich gesagt gerade keinen Bock auf einen Typen.«

Uff. Wie ein Schlag ins Gesicht. Aphrodite hatte recht gehabt: Es würde nicht einfach werden, Mimi wieder rumzukriegen. Aber davon durfte ich mich nicht abhalten lassen. Immerhin war ich mir ziemlich sicher, dass sie ihre Worte nicht ganz ernst meinte.

»Und deine Gefühle? Und seine?« Und meine, Hades noch mal!

Mimi schwieg, und es umgab sie wieder dieser rosa Schleier, während wir aufs Schulgelände fuhren. »Weißt du, wenn er wirklich so ein guter Typ ist, dann versteht er das. Vielleicht rede ich einfach mit ihm, sag ihm, was ich empfinde, und dann können wir einfach nur Freunde sein.«

Da sich vor der Schule wieder eine Fantraube gebildet hatte, legte sie jetzt einen Zahn zu und schoss davon, ohne sich richtig zu verabschieden.

Ich hielt an. Da stand ich nun, mit dieser Aussage. Sie wollte es ihm sagen. So ganz nebenbei. Das konnte so einfach sein? Bei der schüchternen Leila war das ein Drama gewesen.

Aber so war es viel leichter. Und natürlich würde ich nicht zulassen, dass Mimi ohne eine Beziehung davonkam. Von wegen »einfach nur Freunde«. Das wollte Star doch auch nicht. Ich würde sie genau im richtigen Moment mit einem Liebespfeil treffen, und dann würden die zwei sich verlieben. Und mein Herz würde hundertprozentig brechen!

Kapitel 11

THE ONE THAT GOT AWAY

Ich holte Mimi am überdachten Fahrradständer vor den Eingangstüren ein, wo sie gerade ihr Rad anschloss. Auch Star kam ausgerechnet jetzt den Weg hoch. Er bemerkte mich. »Seit wann fährst du Rad?«

Ich zuckte beim Klang seiner samtigen Stimme zusammen. »Ääh«, brachte ich heraus. Lass dir was einfallen, Valentina, mach schon! »Ich dachte, das wäre ganz nett«, sagte ich und schob mir eine Haarsträhne hinters Ohr. Hoffentlich sah ich nicht zu zerzaust und verschwitzt aus. Boah, wieso war mir das so wichtig? Blöde Gefühle!

»Etwas, ähm, menschlicher!«

Das Mädchen, das neben mir ihr Rad anschloss, sah mich seltsam an.

Star schien aber zu kapieren, was ich meinte. »Keine schlechte Idee, probiere ich vielleicht auch mal.« Mein Herz schlug doller. Ein Kompliment.

Er betrachtete das Rad. »Aber vielleicht nicht mit so 'nem Klapperding. Hast du das etwa von Metafora? Die hat sich aber einen Joke mit dir erlaubt.«

Mir entgleisten die Gesichtszüge. Natürlich hatte sie das, was sonst? Und Star als Sohn des Reisegotts erkannte das natürlich sofort. Wie peinlich! Mal wieder!

Da tippte Mimi ihn an. »Hey, Star, können wir kurz reden?«

»Äh, sicher.« Er warf mir einen verdutzten Blick zu, während ich Panik bekam. Mimi machte das sofort? Dieses Mädchen kannte echt nichts, keine Scheu vor schwierigen Gesprächen. Jetzt musste ich mir schleunigst einen Platz zum Pfeilabschießen suchen, bevor sie ihm ihre Liebe gestand.

»Ich muss los, bis später!«, rief ich nur und rannte davon. Aaahh, wohin nur?

»Valentina?«

In meiner Aufregung hatte ich nicht gemerkt, dass ich an Desirée vorbeigerannt war. »Keine Zeit, muss Mimi und Star verlieben«, zischte ich nur.

»Was?« Schon folgte Desirée mir. Star und Mimi hatten sich etwas abseits hingesetzt und redeten miteinander. Mist. Ein gutes Versteck fand ich so schnell nicht.

»Gib mir Deckung!«, rief ich Desirée zu, als ich hinter eine Hecke hechtete und ihr meine Schultasche zuwarf. Sie stellte sich davor und sah dabei aus wie bestellt und nicht abgeholt.

Ich spähte über die Hecke. Nun war es Zeit für mein neustes Liebesgöttinnengadget. Es handelte sich um ein kleines Gerät, das man sich ins Ohr steckte und das es einfacher machte, Leute zu belauschen. Eine Tante von mir, Aletheia, hatte es für uns Liebesgötter hergestellt. Sie war die Göttin der Wahrheit, und welche Worte waren wahrer als die, die man eigentlich nicht hören sollte? So zumindest hatte Paps sie überzeugt, dieses Ding anzufertigen. Zum Glück, denn die unsichtbare Toga hätte mir hier nicht geholfen – Star hätte mich ja trotzdem sehen können.

Sofort hörte ich Mimis Stimme laut und deutlich in meinem Ohr. »Danke, das war echt sweet von dir gestern.«

»Ist doch kein Ding«, antwortete Star.

Mimi spielte unruhig mit ihren Händen. Ihre Liebesaura waberte durch die Luft, sie wollte Star wirklich ihre Liebe gestehen, kein Zweifel. Ich ignorierte das Ziehen in meinem Herz, atmete tief durch, legte einen Pfeil ein und spannte meinen Bogen.

Star sah Mimi aufmerksam an und legte behutsam eine Hand auf ihren Arm. »Bist du wegen irgendwas aufgeregt? Was ist denn los?«

Wieso war er bei mir nie so nett? Was hatte Mimi, was ich nicht hatte? Sie konnte alle haben. Warum musste es unbedingt Star sein? Nein, warte. Das war ja *meine* Idee gewesen! Also Ruhe jetzt, Herz!

Mimi lächelte. »Ja, bin ich wirklich.«

Star schenkte ihr ebenfalls ein warmes Lächeln. Auch das bekam ich nie von ihm. Und wenn ich diesen Pfeil abschickte, würde ich das auch niemals. Er würde es nur noch Mimi schenken. Ich zögerte. Der Pfeil. Ich hatte es in der Hand, buchstäblich. Wenn ich ihn abschoss, wäre alles vorbei. Und wenn nicht, gab es noch eine Chance. Für mich.

Nein! Ich musste es tun. Einfach nur Mimis Geständnis abwarten, dem Pfeil ihren Namen zuflüstern und auf Star schießen. Und dann schnell einen zweiten für Mimi einlegen.

Der Pfeil zitterte, meine Hände gehorchten mir nicht. Mein Körper wehrte sich dagegen, Star mit jemand anderem zu verlieben. Ich konnte nicht. Ich wollte nicht. Seufzend ließ ich den Pfeil sinken.

»Was ist?«, fragte Desirée.

»Ich glaube, das mit dem Entlieben funktioniert so nicht.«

»Wieso?«

Ich sah Desirée verzweifelt an. »Ich will nicht, dass er sich in eine andere verliebt. Ich will das einfach nicht.« Ich vergrub das Gesicht in meinen Händen und fing an zu schluchzen.

Desirée tätschelte mir die Schulter. »Na, na, du findest schon einen Weg.«

Aber wie? Wenn ich mich nicht entliebte, was dann? Zu allem Unglück hörte ich durch die Verstärkung in meinem Ohr Mimis zärtliche Stimme. »Ich glaube, ich habe mich in dich verliebt, Star.«

Mein Kopf ruckte hoch. Desirée sah mich verwirrt an. Ich war mir sicher, dass sämtliche Farbe aus meinem Gesicht gewichen war. Wie auf Autopilot reichte ich ihr den zweiten Teil meines Ohrstücks, damit sie mithören konnte.

Star zuckte zurück. »Oh«, machte er.

Oh?

»Das ist … überraschend, Mimi. Das hab ich nicht erwartet. Ich meine, das ist krass. Also …« Irrte ich mich, oder wurde Star panisch?

Desirée und ich tauschten einen Blick. Hatte er Mimis Liebesaura denn nicht wahrgenommen? Oder nicht mitgekriegt, dass sie ihm galt? Er war doch sonst so gut in Auren.

Da nahm er Mimis Hände. »Danke, dass du es mir sagst. Ich freue mich, wirklich. Aber … Es tut mir leid, ich empfinde nicht das Gleiche für dich. Du bist toll, echt. Ich hoffe, du verstehst das und bist mir nicht böse.«

Was? Aber das war eine Lüge! Natürlich empfand er etwas für sie, sogar richtig viel! Seine Liebesaura … Moment! Wo war die Aura? Ich konnte sie weder sehen noch fühlen!

So tief, wie Star Mimi in die Augen sah, konnte ich förmlich spüren, dass es ihm wirklich leidtat. Aber Mimi brach es trotzdem das Herz.

Ihre Liebesaura schwand. Und obwohl sie gesagt hatte, dass sie eigentlich nicht an einer Beziehung interessiert war, wirkte sie verletzt. »Oh. Ja. Ja, klar. Kein Ding.« Sie räusperte sich. »Ich freu mich sogar, ich meine, ich wollte nur, dass du es weißt. Ich will gerade eh keinen Freund haben.«

Eine Erschütterung trat in Stars Gesicht. Denn das war natürlich das Gegenteil von dem, was wir mit unserer Mission erreichen wollten. Auch wenn Star ihr das, so wie ich, wohl nicht abnahm, denn er sagte: »Ich hoffe, das ist wirklich in Ordnung für dich. Ich will nicht, dass du sauer bist. Du bist nämlich echt cool und verdienst richtige Liebe, nur kann ich dir die nicht geben.«

Mein freches Herz wurde warm. Star wollte Mimi nicht.

Dann hatte ich doch noch eine Chance. Für diesen Gedanken kam ich definitiv in den Tartarus! Ich meine, die arme Mimi … Dass sie das Herz gebrochen bekam, lag ja eigentlich nur daran, dass ich mich eingemischt hatte.

Mimi lächelte wieder etwas. »Danke. Ich hatte bei dir einfach das Gefühl, du magst mich wegen mir. Nicht nur wegen dieser Castingsache, wie alle anderen. Tut gut zu wissen, dass es solche Leute noch gibt.«

Star rückte wieder etwas näher zu ihr. »Das tue ich auch, aber halt nur freundschaftlich.«

Mimi lachte auf und sagte im nächsten Moment leider etwas, was mein aufgedrehtes Herz in die Hose rutschen ließ.

»Dann solltest du vielleicht mit Valentina reden, die ist nämlich davon überzeugt, dass du in mich verliebt bist.«

Oh, Kacke.

Star hatte Schwierigkeiten, seine einfühlsame Miene beizubehalten. »Valentina?«

»Ja. Deine beste Freundin.«

»Meine … *beste* Freundin?«

Bitte, lieber Erdboden, tu dich auf. Da flogen mir meine eigenen Lügen gehörig um die Ohren.

»Ja. Sie war eben hier. Ah, da drüben ist sie noch.« Mimi deutete zu mir, wie ich elegant hinter Desirée in der Hecke hockte. Womit hatte ich das bloß verdient?

Star drehte sich sehr langsam in meine Richtung. In seinen Augen lag jetzt das wütendste Funkeln, das ich je bei ihm gesehen hatte. Mein Herz schlug so schnell und panisch, als suchte es verzweifelt einen Weg, aus meiner Brust abzuhauen.

»Entschuldige mich kurz, okay?«, sagte Star zu Mimi, so

zuckersüß er konnte. Die nickte und machte sich auf ins Schulgebäude.

Star marschierte sichtlich angepisst auf mich zu. Ich ergriff Desirées Hand, aus Angst, sie würde gleich das Weite suchen. Ich war mir sehr sicher, dass ich das ohne eine Zeugin nicht überlebte. Und zum Wegrennen war es definitiv zu spät.

»Was erzählst du Mimi denn da für einen Schwachsinn?!«, fauchte Star mich an.

Ich öffnete den Mund und blieb stumm wie ein Fisch.

»Was auch immer du da für einen bescheuerten Plan hattest, das geht zu weit, Valentina!«, schimpfte er weiter. »War das irgendeine Art von Rache? Weil ich dich nicht einfach machen lasse? Oder wie?«

Wieder versuchte ich, etwas zu sagen. »Ich ...« Aber Star war in Rage und unterbrach mich.

»Das war verdammt scheiße. Und hinterlistig! Man spielt nicht mit den Gefühlen von Menschen oder Göttern, nur weil man sauer ist. Für wen hältst du dich eigentlich?«

Ich fing richtig an zu zittern. Das stimmte doch nicht. So war das nicht gewesen. »Ich wollte nicht ...«

»Warum verbreitest du solche Lügen über mich?«, rief er weiter. »Und wie soll das Mimi helfen?«

»Weil sie dachte, es sei die Wahrheit, du Gockel! Jetzt fahr mal wieder runter«, unterbrach ihn Desirée aufgebracht. Star und ich schauten sie sprachlos an.

»Was?«, fragte Star.

Desirée zeigte auf mich. »Vielleicht lässt du sie mal alles erklären, denn du erhältst keine Antworten, wenn du sie nur anschreist.«

Sie schubste mich ein bisschen nach vorne, und Star war tatsächlich still. Und nah. Ich nahm einen tiefen Atemzug – ein Fehler. Meine Güte, wütend roch er noch besser. Ich sammelte mich.

»Ich dachte wirklich, dass du für Mimi schwärmst«, erläuterte ich, wobei meine Stimme bei »schwärmst« kurz brach. Wenigstens konnte ich überhaupt wieder richtig sprechen. »Du warst so wahnsinnig nett zu ihr, und dann war da diese krasse Liebesaura, die von dir ausging. Ich dachte, die galt ihr.«

Er wurde blass. »Von mir geht ganz sicher keine Liebesaura aus«, stammelte er, als wäre die Idee vollkommen absurd. »Das ... kann nicht sein. Ganz sicher nicht.«

Was? Aber von wem sollte sie sonst sein? Log er mich etwa an? Star hatte die Augenbrauen tief ins Gesicht gezogen, seine Miene war finster und hart. War er immer noch sauer? Oder war das Panik? Ich verstand es nicht.

»Dann hab ich mich wohl geirrt«, gab ich zu. Obwohl ich mir sicher war, dass da eine krasse Liebesaura für Mimi gewesen war. »Mimi jedenfalls hat mir vorhin gestanden, dass sie dich mag und es dir sagen will. Und ich dachte, das wäre doch perfekt. Dann wäre die Mission erfüllt. Und du wärst ein toller Freund für sie. Ein gut aussehender, aufmerksamer Liebesgott ist doch perfekt als Freund, *du* bist perfekt ...«, zum Glück ließ mich Desirées Rippenstoß innehalten.

Star hatte es natürlich trotzdem gehört. Ein eitles Lächeln zuckte über sein Gesicht. »Ich wusste nicht, dass du mich für so toll hältst.«

Röte schoss mir ins Gesicht. Mist.

Star räusperte sich. »Aber ich schwärme nicht für Mimi. Ganz sicher nicht. Und selbst wenn, wäre das für niemanden von uns perfekt.« Er schüttelte den Kopf. »Ich bin ein Liebesgott, Valentina, keine Mission! Ich verliebe mich nicht in Menschen. Oder überhaupt. Man ... man vermischt Privates und Geschäftliches nicht. Und das solltest du genauso sehen.«

Es war, als würde der Pfeil in meiner Brust mein Herz komplett durchbohren, mir die Luft abschneiden. Mir wurde ein bisschen schwarz vor Augen. Er verliebte sich nicht. Nie. Auch nicht in mich. Und er hielt Verlieben für unprofessionell. Hielt also *mich* für unprofessionell.

»Ja«, presste ich hervor.

Star nickte, sah mir dabei jedoch nicht in die Augen. »Also, wenn du das nächste Mal so was vermutest, sprich bitte erst mit mir. Was auch immer du für eine Liebesaura gespürt hast, es war nicht meine. Und was Mimi angeht, da finden wir schon den Richtigen.«

Er drehte sich um und ging. Seine Skaterschuhe blieben dabei fest am Boden, keine Flügelchen zu sehen.

»Irgendwie war das schräg«, stellte Desirée fest.

In der Tat. »Ich ... hab ihn ganz schön auf die Palme gebracht.«

»Mal ganz abgesehen von deinem liebesverblendeten Herzen – meinst du vielleicht, dass in Star mehr steckt als ein eingebildeter Schnösel?«

Ich zuckte mit den Schultern. »Kann sein. Vielleicht hat er auch ein paar Päckchen zu tragen.«

»So wie sein Vater.«

Ich sah Desirée verwirrt an. »Was?«

»Na, der schleppt doch auch Päckchen. Götterbote und so.« Desirée grinste über diesen wirklich, wirklich schlechten Witz.

Ich zog meine Augenbraue betont langsam nach oben. »Wie lange sitzt du schon auf diesem Witz? Ey, warum muss ich ausgerechnet dich als menschliche beste Freundin haben?«

Sie drückte mich an sich. »Weil ich die Beste bin und du mich liebst.«

»Das stimmt.« Und tatsächlich hob das meine Laune wieder ein wenig.

»Ist denn alles okay bei dir? Was macht der Pfeil?«

Ich sah nach unten. Der Liebespfeil in meiner Brust leuchtete schwach. »Nicht mal so eine fiese Abfuhr wie eben kann diesem Mistteil was anhaben!«

»Hm. Und was machen wir jetzt?«, fragte Desirée.

Ich hatte keinen blassen Schimmer. Aber eine Sache ging mir nicht aus dem Kopf: Wenn diese besondere Liebesaura nicht von Star kam, von wem stammte sie dann?

Kapitel 12

MOTHER KNOWS BEST

Meine Nerven waren gespannt wie die Sehne meines Bogens, und ich war mir sicher, dass ich gleich abheben und explodieren würde. Ich lief hektisch durch mein Zimmer und schmiss Klamotten auf mein Bett. »Was soll ich nur anziehen, Bussi?«, rief ich der Möwe auf dem Fensterbrett entgegen. »Und wie meine Haare machen? Offen? Hochstecken? Irgendeine Idee?«

Bussis verklärter Blick zeigte eindeutig, dass ihn mein Leid nicht interessierte und er mit den Gedanken ganz woanders war. »Also, Hildegard trägt ihre Federn ja …«

»Hildegards Federn sind mir egal, denn sie ist eine Taube!«, unterbrach ich ihn.

Das hätte ich nicht sagen sollen, denn Bussi schnaubte

verletzt. »Wenn du so gemein zu meiner Freundin bist, helfe ich dir nicht!«, verkündete er und flatterte davon.

Mit dem lautesten Stöhnen meines Lebens ließ ich mich Gesicht voran auf die Klamotten auf meinem Bett fallen.

Heute war das halbjährliche Treffen der Nachwuchsliebesgötter, und ich war das allererste Mal dabei. Das war ein Riesending. Ich musste unbedingt einen guten Eindruck hinterlassen – nicht so einfach, schließlich hielten die meisten mich für eine Versagerin, die nur wegen ihres Vaters mit allem durchkam. Sie geierten in unserer Chatgruppe eh schon die ganze Zeit nach heißem Gossip darüber, wie die Zusammenarbeit mit Star lief. Sicher hatte er sich längst in Privatnachrichten darüber ausgelassen, wie sehr ich ihn nervte. Besonders nach dem Verkupplungsversuch mit Mimi. Star war nicht nur Klassenbester unter den Nachwuchsliebesgöttern, sondern auch noch superbeliebt. Da war klar, dass alle mich dafür verantwortlich machten, dass seine Noten jetzt in den Keller gingen.

Zu allem Überfluss wollte Aphrodite heute unbedingt Ergebnisse über Mimi hören, und was konnten wir ihr erzählen? Ich hatte versucht, Star mit Mimi zu verkuppeln, was wieder für Streit gesorgt hatte. Mimi hatte keinen Bock auf einen Freund. Oh, und ich hatte mich aus Versehen mit meinem eigenen Pfeil abgeschossen und war jetzt in Star verliebt.

Am besten gaben Star und ich schon mal Pfeile und Bogen ab und freundeten uns mit Aktenordnern und dicken Regelwerken an, denn unser Bericht würde uns hundertpro sofort auf die Theoriebank befördern. Ich würde Desirée wirklich sehr vermissen.

Leise klopfte es an der Tür, und ich gab einen klamottenerstickten Laut von mir. Das wurde als Einladung interpretiert.

»Alles in Ordnung, Tineline?« Es war Mama.

Schwerfällig drehte ich mich auf den Rücken und blieb liegen, alle viere von mir gestreckt. »Es ist eine Katastrophe«, jammerte ich.

»Na, na«, sagte sie und nahm neben mir Platz. »Das schaffst du schon. Und du weißt doch gar nicht, wie die anderen so drauf sind. Du hast sie ewig nicht mehr gesehen.«

»Ich glaube nicht, dass sie ihre Meinung über mich geändert haben.«

»Ach was. Du bist jetzt eine von ihnen.«

Ich setzte mich auf, meine Haare standen in alle Richtungen ab.

»Und was ist mit Aphrodite? Sie wird mich bei lebendigem Leib verspeisen.«

Mama drückte meinen Kopf an ihre Schulter und tätschelte ihn. »Quatsch, Aphrodite ist deine Großmutter, nicht die Hydra.«

»Vor der hätte ich weniger Angst.«

»Solange Aphrodite dich nicht töten will, weil du hübscher bist als sie, und ihr Sohn dich dann entführt und du ihn monatelang nicht ansehen darfst, weil er, wie er behauptet, schüchtern ist, obwohl du längst schwanger von ihm bist …«

»Die Kennenlerngeschichte von dir und Paps ist nicht so romantisch, wie du vielleicht glaubst«, murmelte ich.

»Ach, so war das halt damals.«

»Ich kriege davon bis heute Albträume.«

Mama lächelte nur ihr starrsinniges Lächeln. Das hatte ich schon oft gesehen. Sie liebte meinen Vater, und sie war glücklich, das wusste ich. Aber manchmal lächelte sie so vor sich hin und malte sich aus, ganz woanders – und wer ganz anderes – zu sein. Vielleicht saß sie dann in Gedanken am Strand von Hawaii, wo ein sexy Yogalehrer ihr den Rücken massierte oder so.

Sie zog eins der rosa Kleider von meinem Bett und legte es mir in den Schoß. »Das passt gut zu deinen Augen.«

Dann schnappte sie sich eine Lorbeerkranzspange von meiner Kommode. »Und das zu deinen Haaren. Du wirst wundervoll aussehen!«

Ich betrachtete die Sachen. Das war tatsächlich eine gute Wahl. »Danke, Mama«, sagte ich. Sie hatte recht, Jammern half nichts. Nur rausgehen und es allen zeigen.

Mama tätschelte mir die Wange. »Immer doch. Und jetzt muss ich weiter den Geburtstag deines Vaters morgen vorbereiten. Deine Schwester und dein Großvater haben schon abgesagt, im Gegensatz zu deiner Großmutter. Und rate, wer noch kommen will?«

Ich schluckte. Da es der Geburtstag meines Vaters war, gab es eigentlich nur eine Möglichkeit, wer sich noch angekündigt hatte.

»Anteros?«, fragte ich ungläubig.

»Wer sonst? Der böse Zwillingsbruder«, antwortete Mama augenrollend, bevor sie rausging.

Na toll, die nächste Katastrophe war im Anmarsch. Vorausgesetzt, ich überlebte das Treffen heute Abend.

Kapitel 13

ISN'T SHE LOVELY

Mama hatte recht – ich sah ziemlich bezaubernd aus. Die Haare hatte ich mir hochgesteckt, und der kleine goldene Lorbeerkranz funkelte mit den kleinen rosa Brillanten auf meinem Kleid und meinem Lidschatten um die Wette.

Allerdings hatte ich mir vorsichtshalber noch eine pinke Jeansjacke übergezogen, die ich vor meiner Brust zuziehen konnte. Ich glaubte zwar nicht, dass man den Pfeil sehen konnte – oder die Jacke den Pfeil zur Not verdecken konnte –, aber so fühlte ich mich zumindest ein kleines bisschen sicherer.

Meinen Bogen hatte ich über die Schulter geschlungen. Auch die anderen Liebesgötter würden ihre mitbringen, das war Pflicht.

Ich war zwar noch nie bei einem Treffen dabei gewesen, doch durch die anderen wusste ich, dass nach den Notenbesprechungen und den Zwischenberichten mit Aphrodite eine große Party steigen würde. Natürlich lebten die meisten der Nachwuchsliebesgötter noch auf dem Olymp, aber ein paar hatten Außenwohnungen, um schneller am Ort ihres Einsatzes zu sein, und kamen nur selten nach Hause. Also wurde es ausgiebig zelebriert, wenn alle da waren.

Dass Götter gern ausgelassen feierten, überrascht bei all den Sagen und Legenden um uns vermutlich niemanden. Je prunkvoller, desto besser. Für die Halbjahrestreffen richtete jede Gottheit einen riesigen Ballsaal nach ihrem Motto ein.

Poseidon und seine zahlreichen Wassergötter und -göttinnen rekelten sich in einem Pool, Apollo führte seine Kunstschützlinge in einen Saal, der einem wie ein Wald mit zauberhaften Harfenklängen vorkam, und bei Asklepios sah alles aus wie ein Krankenhaus, und man musste sich ständig die Hände desinfizieren.

Die Liebesgötter fanden sich in einem offenen pinken Saal zusammen, der mich sehr an unser Haus erinnerte. Alles war ein bisschen zu rosa, der Boden war eine Wolke, und die Decke hing – natürlich – voll mit einem ganzen Kammerorchester, das alle möglichen Liebeslieder spielte.

Am Buffet waren pinke Limonaden und pinke Cupcakes zu finden, und alles, was man in Herzchenform schneiden konnte, war in Herzchenform. Es war ein romantischer Traum. Würde sich jemand von den Rachegöttern um Nemesis hierherverirren, würden sie sicher das kalte Kotzen kriegen.

Ich war viel zu früh dran. Das passiert halt, wenn man aufgeregt ist und fertig dekoriert zu Hause sitzt und sich denkt, dass man dann auch losgehen kann. Also nuckelte ich an einem Getränk mit rosa Herzstrohhalm, das zu süß schmeckte. Genau richtig.

Der Zweite, der auftauchte, war tatsächlich Star.

Er trug eine dunkle Sonnenbrille, eine schwarze Lederjacke, neue Skaterschuhe und sah generell aus wie ein ziemlich reicher Promi, der gerade von einem Fotoshooting für die *Teen Vogue* kam. Ich muss wohl nicht erwähnen, dass ich mich an meinem Getränk verschluckte und ihn viel zu lange anstarrte. Liebe Moiren, warum war das Schicksal dieses Jungen, so heiß auszusehen? Der Pfeil in meiner Brust drehte jetzt richtig frei.

»Hi«, grüßte er mich.

Er schob die Sonnenbrille hoch in seine Haare, die noch wilder gestylt waren als sonst. »Hübsches Kleid.«

Oh meine Götter, er fand mich schön.

»Danke«, murmelte ich und spürte, wie ich pink anlief. »Deins auch.«

Deins auch? Valentina, dein Ernst?

Star lachte. »Mein Outfit würde ich jetzt nicht als Kleid bezeichnen, aber danke.«

Ich schaute schnell weg, mein Gesicht war heiß wie eine Herdplatte. »Sorry, ich bin nervös wegen des Zwischenberichts. Wir haben ja nicht wirklich viel erreicht«, log ich zur Erklärung.

Sofort wurde er ernst. »Lass mich das Reden übernehmen. Ich weiß, was Aphrodite hören möchte und wie ich das verpacke. Sag du lieber nichts.«

Zuerst fiel mir ein Stein vom Herzen. Aber dann regte sich da eine kleine, unzufriedene Stimme – der Teil in mir, der noch nicht verblendet-verliebt war.

»Meinst du etwa, ich versau dir das, wenn ich den Mund aufmache?«

Star schob sich die Sonnenbrille wieder auf die Nase. »Das habe ich nicht gesagt. Aber du bist manchmal ein bisschen impulsiv, ja. Und dein Mund oft schneller als dein Kopf.«

So ein Blödmann! Da war es wieder, dieses eklige, eingebildete Gehabe. Er hielt sich für was Besseres, obwohl er genauso in der Tinte saß wie ich. Unfassbar, dass ich mich in den verlieben musste. Und jetzt konnte der Feigling mir nicht mal in die Augen sehen!

Ich holte schon Luft, um ihn zurechtzuweisen, als ihn jemand stürmisch von hinten umarmte.

»Superstar, wie crazy, dich hier zu sehen, finally!«, quietschte die höchste, oberflächlichste Stimme, die man sich vorstellen konnte.

Candy war der Inbegriff eines nervigen Weltenbummlermädchens. Sie lebte abwechselnd in jeder großen Stadt der USA und kommerzialisierte die Liebe. Sie sah aus, als würde sie jeden Tag den 4. Juli feiern.

Ihr bauchfreies, trägerloses Top sah aus wie eine glitzernde USA-Flagge, ihre kurzen Shorts und die Cowboyboots waren mit Herzchen verziert. Pinke Nägel, viel Schmuck, blondierte Locken mit allerlei Haarspangen darin. Ihr Make-up war USA-farben und glitzerte.

Star umarmte sie ebenfalls mit einem herzlichen Lächeln, und Candy ließ ihren Arm um ihn gelegt. Dann betrachtete sie mich skeptisch von oben bis unten durch ihre pinkgetönte Brille.

»Oh, Valentina, stimmt ja – du bist auch da. Nettes Outfit.«

Nett war der kleine Bruder von Scheiße, ich verstand schon.

»Ja, und du … hast auch was an«, gab ich schnippisch zurück. Das war fies genug.

Candy verstand die Spitze und kaute schmatzend ihren Kaugummi. »Well, passt wohl zur Göttin der ersten Liebe. So klassisch. Innocent. Richtiges Small Town Girl eben.«

Boah, ging mir die jetzt schon auf die Nerven.

Zum Glück kamen in diesem Moment zwei weitere Liebesgottheiten an – Aimée und Nikolaus.

Aimée, Göttin der Stadt der Liebe, Paris, trug einen akkuraten Bob mit Baskenmütze und gestreiftem Kleid und große Eiffelturmohrringe. Bei ihrem Anblick glaubte man geradezu, eine französische Ziehharmonikamusik zu hören, und hatte Lust, an der Seine Baguette und Käse zu konsumieren.

Und Nikolaus, Gott des Fests der Liebe, war in den dicksten Wintermantel mit Mütze gemummelt, den man sich vorstellen konnte, und sah somit aus wie der Weihnachtsmann. Gab es für diese Treffen den Dresscode, dass jeder so aussehen sollte, wie es die angestrebte Spezialisierung vorsah, oder liefen die täglich so rum? Nicht, dass daran etwas auszusetzen wäre.

Aimée und Nikolaus winkten mir kurz zu. Dann erklang ein Engelschor, und ein helles Licht erfüllte den Raum. Aphrodite war erschienen und noch strahlender als sonst.

»Wie schön, dass ihr euch alle hier eingefunden habt«, begrüßte sie uns mit ihrer glockenhellen Stimme.

»Wenn ihr euch setzen wollt.«

Sechs Stühle wuchsen aus dem Boden, die alle sehr unterschiedlich gestaltet waren. Sofort konnte man erkennen, welcher zu wem gehörte.

Der von Candy war behängt mit amerikanischen Flaggen, Cheerleader-Pompons, und auf der Armlehne stand eine Schüssel voller Zuckerherzen mit süßen Liebessprüchen. Klingt nicht besonders romantisch, war es aber, und ich musste spontan an all die süßen Highschool-Filme denken. Aimées Version erinnerte an einen Stuhl, den man vielleicht in einem süßen Pariser Eckcafé fand. Nikolaus hatte einen Schlitten, Star einen pompösen Thron mit Scheinwerfern und einer Selfiekamera. Und meiner war … langweilig. Weswegen ich ihn auch sofort erkannte. Es war ein Holzstuhl, wie man ihn auch in einer Schule vorfand. In seine Rückseite waren kleine Herzen und Initialen eingeritzt. Na toll, als würde ich nicht schon den ganzen Tag auf so was sitzen. Candy hielt sich die Hand vor den Mund und machte nicht einmal einen Hehl aus ihrem Gekicher.

Wir setzten uns. Ich saß direkt neben Star. Da erst fiel mir auf, dass der andere Stuhl neben mir noch frei war. Er sah aus wie ein kleiner Paradewagen und war über und über mit verschiedensten bunten Flaggen behängt – jede dieser Flaggen repräsentierte eine Orientierung im queeren Spektrum, und sei sie noch so winzig. Ganz groß war natürlich die Regenbogenflagge. Es war klar, wem dieser Stuhl gehörte.

Auch Aphrodite bemerkte nun, dass jemand fehlte. »Wo steckt denn …?« Keine Chance, den Namen auszusprechen, denn ein wunderschöner, riesiger Regenbogen erschien im

Raum. Und ganz am Ende stand, wie der berühmte Topf Gold: Iris, Regenbogengottheit und seit einiger Zeit auch Gottheit der queeren Liebe.

Iris trug das wohl auffälligste Outfit von allen: zur Hälfte ein Kleid und zur anderen Hälfte ein Anzug aus Regenbogenstoff. Dazu passender Schmuck, Schuhe, Make-up – alles regenbogenfarben und alles Glitzer. Die Haare trug dey kurz, aber auch sie waren regenbogenfarben. Nicht gefärbt, das wusste ich – es war deren Naturhaarfarbe.

»Ich bin hier, ich bin hier, entschuldigt die Verspätung«, flötete Iris und setzte sich neben mich, sah dann zu mir – und schlug sich die Hand vor den Mund. »Oh, Valentina, wie schön! Herzlich willkommen bei uns, ich freu mich so. Und dein Outfit: einfach perfekt. Und dein Stuhl – ach, wahnsinnig passend zur ersten Liebe. Ich erinnere mich so gut an all die Schüler*innen, die ich verliebt habe und die ganz schüchtern diese Herzen auf Tische und Stühle kratzten.«

Ein Lächeln stahl sich auf mein Gesicht. Iris hatte absolut recht. Von wegen langweilig! So ein Stuhl hielt die ersten verliebten Gedanken fest. Es war eine Erinnerung an Anfänge, Hoffnungen und Träume. Eine der intensivsten Zeiten des Lebens verbrachte man auf diesen Stühlen. »Danke«, flüsterte ich dey zu.

Iris strahlte, drückte meine Hand – und ließ sie nicht mehr los.

Aphrodite räusperte sich, und schnell zischte Iris mir noch zu: »Ich freu mich so für dich, ich will alles wissen!«

Ich war so, so dankbar für Iris. Dey war die einzige Gottheit, die sich niemals über mich lustig gemacht, sondern mich immer unterstützt hatte. Was wohl daran lag, dass dey auch die älteste der Nachwuchsliebesgottheiten war, immerhin handelte es sich dabei um eine Zusatzspezialisierung. Iris hatte nichts übrig für Gemeinheiten oder Revierkämpfe. Bei allem, was dey schon erlebt hatte, genoss dey einfach das Leben.

Da kam mir die zündende Idee: Iris hatte viel Erfahrung – und noch mehr Verständnis – für alle möglichen Arten der Liebe, so unkonventionell sie auch wirkten. Das hieß, dey würde mich auf keinen Fall verurteilen, wenn ich von meiner Liebe für Star erzählte. Dey würde sicher mein Dilemma verstehen. Und vielleicht hatte Iris sogar eine Ahnung, wie ich mich entlieben konnte.

Kapitel 14

LOVE STORY

Mit Engelsgeduld hörte Aphrodite sich die Zwischenberichte der anderen Nachwuchsgottheiten an – und jede dieser Geschichten war niedlicher als die letzte!

Nikolaus erzählte in seiner nuschelig-wortkargen Art von einem Mädchen, das auf einem Weihnachtsmarkt verlassen worden war und in dem Gefühlschaos auch noch eine gravierte Kette verloren hatte. Diese Kette spielte Nikolaus dann einem anderen, einsamen jungen Mann auf dem Weihnachtsmarkt zu, der eine große Suchaktion startete. Die beiden fanden und verliebten sich und feierten Weihnachten zusammen. Klang wie ein wundervoll kitschiger Weihnachtsfilm. Ich liebte es. Aphrodite auch und gab ihm eine gute Note. Er dürfe stolz auf seine Leistung sein. Ich meinte sogar ein Lächeln unter Nikolaus' dickem Schal zu sehen.

Aimée schwärmte von Küssen unterm Eiffelturm und Spaziergängen an der Seine, zählte mehr Verlobungen auf, als wir zählen konnten, und fing irgendwann an, nur noch auf Französisch zu reden, ohne es zu bemerken. Aphrodite riet ihr, auch mal eine Pause zu machen, das sei nicht gesund. Ansonsten war ihre Leistung aber tadellos.

Candy kam nicht ganz so gut weg. Sie verlor sich in einer langen Erklärung voller Amerikanismen darüber, was für teure Geschenke ihre Verliebenden sich gekauft hätten und wie schnell geheiratet wurde. Nach einigem Nachbohren gab sie dann zu, dass einige dieser Ehen erschreckend kurz hielten und teure Präsente nicht mit Liebe gleichzusetzen seien. Aphrodite riet ihr, mehr auf Gefühle, Chemie und Qualität zu achten. Und das Kaugummi aus dem Mund zu nehmen, was Candy widerwillig tat und dabei so rot anlief wie ein kandierter Liebesapfel. Ihre Note war etwas schlechter als die der anderen, was mich insgeheim diebisch freute.

Bei Iris hatte ich gedacht, dass deren Ausführung überschwänglich und wild würde, so bunt und farbenfroh wie dey war. Umso überraschter war ich, wie leise dey sprach. Einfühlsam und bedacht erzählte Iris von dem Mädchen, das zum ersten Mal mit ihrer Freundin Händchen gehalten hatte. Von dem Mann, der sich mit achtzig endlich traute, einen anderen Mann zu lieben. Von der trans Frau, die in einer Beziehung mit einer Frau und einer nichtbinären Person war und bei der sich alle endlich komplett fühlten. Und noch so vieles mehr, was ich zunächst nicht als Iris' Zuständigkeitsbereich eingestuft hatte. Alle Geschichten leuchteten vor Liebe, die sich auch in Iris' Gesicht widerspiegelte, wie der Regenbogen selbst. Das hier war Iris' Passion. Weil dey die Menschen und ihre Liebe so sehr liebte.

Genauso eine Liebesgöttin wollte ich auch werden. Eine, die leuchtete, wenn sie von der Liebe sprach. Denn Liebe war wunderschön.

Aphrodite lobte Iris und wollte dey eine Spitzennote geben, doch Iris verzichtete darauf. Dey wollte einfach lernen und war glücklich, es unter Aphrodite zu dürfen. Ich kam nicht drum herum, dey anzugrinsen. Ich war mir sicher, wenn Iris auf Noten bestehen würde, wäre Star nicht Klassenbester. Iris könnte ihn buchstäblich vom Thron schubsen.

»So, Star und Valentina, ihr seid an der Reihe. Wie läuft die Zusammenarbeit?«

Ich musste Star nicht mal ansehen, um zu wissen, dass uns beiden gleichzeitig das Herz in die Hose rutschte.

»Willst du nicht erst etwas über meine anderen Erfolge wissen?«, versuchte Star es vorsichtig, doch Aphrodite winkte ab.

»Das kriegt man ja hinlänglich mit, und ich weiß, wie gut du ansonsten arbeitest.« Das war ja mal ein Vertrauensbeweis von Aphrodite. So war das wohl als Lehrerliebling. Mal sehen, wie lange er das noch blieb.

»Ich habe dich Valentina an die Seite gestellt, damit du ihr hilfst, immerhin braucht sie noch Unterstützung. Und jetzt, da ihr eine gemeinsame Mission habt, ist das für euch beide eine neue Herausforderung. Davon möchte ich heute also gerne etwas hören.«

Hey, so hilflos war ich nun wirklich nicht und hatte durchaus auch einiges zu berichten. Neben meinen beiden absolut problemlosen Verliebungen mit Stars Unterstützung hatte ich immerhin schon zwei Nerds ineinander verliebt und hatte einer aromantischen Person bei der Selbsterkenntnis geholfen. Außerdem hatte ich verhindert, dass jemand Falsches mit einem Promi zusammenkam, hatte den Promi mit einem Gott verkuppeln wollen und mich selbst in den Gott verliebt … Okay, ich blieb doch lieber still.

Star schoss mir einen Blick zu, der mich ebenfalls dazu ermahnte.

Jajaja, sollte er sich erst mal daran versuchen.

»Also, unsere Aufgabe ist es, einen jungen Teeniepopstar zu verlieben«, sagte er.

»Zum ersten Mal zu verlieben!«, unterbrach ich.

Er sah mich böse an. Upsi. Aber er musste die Geschichte auch bitte richtig erzählen!

»Ja. Genau. Einen Teeniepopstar *zum ersten Mal* zu verlieben. Danke, Valentina. Eine Mission, die unsere beiden Spezialgebiete erfordert.«

Aphrodite zog die Augenbrauen hoch. »Das *ist* eure Aufgabe? Also muss ich davon ausgehen, dass das Mädchen noch nicht verliebt ist?«

Da hatte Star sich ja schön verplappert.

»Na ja, in diesem Fall heißt es behutsam sein, da dieses Mädchen schlechte Erfahrungen gemacht hat. Sie vertraut anderen nicht mehr so leicht, was sehr verbreitet ist bei Menschen, die schnell berühmt werden. Es ist schwer herauszufinden, welche Freundschaft und welche Liebe echt sind.«

»Aber damit kennst du dich bereits aus.« Aphrodite durchschaute seine Angeberei sofort und beschloss wohl, ihn ein wenig vorzuführen. Eigentlich sollte mir das gefallen, aber meine verliebten Gefühle hatten Mitleid. Musste sie so an ihm rumnörgeln?

»Natürlich. Bei Erwachsenen«, sagte Star, und sein Lächeln wurde jetzt eine Spur unsicherer. »Aber da dieses Mädchen noch ein Teenager und sehr unerfahren ist …«

»Deshalb hast du Valentina an deiner Seite. Sie kennt sich mit erster Liebe und Jugendlichen aus.«

Woah, war das ein Lob?

»Klar. Und wir haben auch schon gemeinsam einige Kandidaten begutachtet, Pläne geschmiedet und das Wichtigste zusammengetragen, um nichts zu überstürzen.«

Ich hielt mir schnell die Hand vors Gesicht, als mir die Gesichtszüge entglitten. Das war mal so was von gelogen! Nichts davon hatten wir gemacht! Falls Aphrodite die Lüge bemerkte, verriet sie es nicht.

Allerdings war sie wohl mit ihrer Geduld am Ende. Sie beugte sich vor und grinste drohend. »Star. Bisher hast du nur Dinge wiederholt, die ich bereits wusste, und mir ansonsten nur leere Floskeln gegeben. Dabei wollte ich bis heute Ergebnisse sehen. Vor allem nach meiner Warnung letztes Mal.«

Das brachte Bewegung in die Gruppe. Candy und Aimée steckten die Köpfe zusammen und tuschelten. Nikolaus' Augen huschten verwirrt hin und her. Alle fragten sich, welche Warnung Aphrodite meinte. Und das machte Star unruhig. Ein Unterschied zwischen uns, wie ich bemerkte. Ich war daran gewöhnt, dass die anderen schlecht über mich redeten. Aber Star nicht. Er presste die Lippen aufeinander, und seine Finger tanzten unruhig über seine Beine.

»Also …«, stammelte er, sprach aber dann nicht weiter.

Ich erkannte, was hier passierte. Star war es gewohnt, mit Fakten oder notfalls Charme zu überzeugen. Aber er war es nicht gewohnt, kritisiert zu werden, so hart, wie er arbeitete. Er hatte ja schon immer diesen Drang, überall der Beste sein zu müssen, was ihm meistens auch gelang. Und was ich stets furchtbar anstrengend fand. Aber heute war er aufgeschmissen. Er hatte einen richtigen Blackout. Das konnte weder mein verliebtes noch mein rationales Ich ertragen. Zumal Star und ich ja nicht untätig gewesen waren!

»Wie Star meinte, haben wir gemeinsam entschieden, uns nicht sofort um eine neue Verliebung zu kümmern«, sagte ich schnell. Nun waren alle Blicke auf mich gerichtet. »Erst mal mussten wir versuchen, einen neutralen Boden zu schaffen. Alte Schmerzen beseitigen und dem Mädchen wieder Hoffnung geben, um es behutsam in eine mögliche erste Liebe führen zu können. Dazu gehörte eine Entschuldigung für das schlechte Verhalten eines ehemaligen Verehrers, aber auch das Herausfinden der Werte, die ihr wichtig sind. Etwa liebt sie es, wenn jemand sehr aufmerksam ist und merkt, was sie braucht.«

Star starrte mich mit großen Augen an. Klar, er wusste nicht, dass Mimi mir verraten hatte, dass sie das an ihm mochte.

Aphrodite hob ihre Augenbrauen und wartete ab, ob ich weitererzählte. Also beschloss ich, noch einen obendrauf zu setzen. Einen Fehler für mich zu nutzen, indem ich so tat, als ob er geplant gewesen wäre. Volles Risiko. Wer nicht wagt, der nicht gewinnt. »Und wir haben einen Köder für das Mädchen platziert.«

Aphrodite runzelte die Stirn. »Einen Köder?«

Star konnte sich gerade noch zurückhalten, dasselbe zu fragen.

Ich nickte und deutete auf ihn. »Star!«

Star zuckte zusammen. Die anderen tuschelten verwirrt, und Star sah mich aus seinen riesigen blauen Augen entsetzt an, als wäre ich nicht ganz dicht. Aber hey, sicheres Auftreten bei vollkommener Ahnungslosigkeit war etwas, was ich perfekt beherrschte.

»Star hat sich mit dem Mädchen angefreundet, um herauszufinden, was sie an Jungs mag. Er ist ja praktischerweise selbst einer. Ein ungewollter Nebeneffekt war, dass das Mädchen für Star zu schwärmen begann, was uns natürlich zeigte, dass sie einige Attribute an ihm schätzt. Diese haben wir, wie gesagt, analysiert.«

Ups, den Teil wollte ich doch für mich behalten. Na ja. Egal. Ich war schon mittendrin im Lügengerüst, jetzt gab es kein Zurück.

»Natürlich haben wir ein Ansteigen der Gefühle unterbunden, denn Privates und Geschäftliches mischt man nicht.«

Ich legte eine extra Betonung auf die letzten Worte und wollte nicht zu Star schauen. Aber vage nahm ich wahr, dass seine Mundwinkel nach oben zuckten. Er verstand meine versteckte Entschuldigung.

»An ihrer Reaktion konnten wir erkennen, dass sie zwar behauptete, keinen Freund haben zu wollen, insgeheim aber doch traurig über ihren Beziehungsstatus war. Und jetzt sind wir davon überzeugt, dass wir bald mit der richtigen Verliebung starten können.«

Ich lächelte und hielt den Blick auf Aphrodite gerichtet. Ich hatte Angst, total in mich zusammenzufallen, wenn ich die anderen anguckte. Würden sie mir das alles abnehmen? Oder war es nur gequirlter Mist?

Aphrodite dachte eine Weile nach. Dann nickte sie. »Interessant. Ungewöhnliche Strategie, aber wirkungsvoll. Solange sie nun nicht dem Köder hinterhertrauert.« Sie deutete auf Star, und ihr drohender Unterton entging mir nicht. »Ich bin gespannt auf euer Endergebnis.«

Ich lehnte mich erleichtert in meinem Stuhl zurück, und jetzt erst traute ich mich, richtig zu Star zu schauen. Der sah mich immer noch mit großen Augen an. Aber etwas in seinem Blick war anders. Lag darin so etwas wie Bewunderung? Er formte ein stilles »Danke« mit den Lippen. Wurde ich etwa schon wieder rot? Bitte nicht. Schnell rieb ich mir übers Gesicht, damit ich es zur Not darauf schieben konnte.

Die anderen tuschelten wieder, aber diesmal klang es anerkennend. Ha! Ich hatte eben doch das Zeug zur Liebesgöttin.

Star beugte sich zu mir rüber. »War das mit dem Köder wirklich dein Plan, oder hast du dir das gerade ausgedacht?«

Anscheinend waren meine Lügenskills so gut, dass er nicht wusste, ob ich ihn die ganze Zeit zum Narren gehalten hatte. Valentina, Göttin des Schabernacks. Mein entfernter nordischer Onkel Loki wäre sicher stolz. Doch wie sollte ich antworten? Was würde Star mehr gefallen? Und wollte ich, dass es ihm gefiel? Ich wusste es nicht, also sagte ich: »Darfst du dir aussuchen.«

Diese Antwort stellte ihn absolut nicht zufrieden. Aber er erwiderte nichts.

Als Aphrodite uns entließ, machte Iris sich auf zum Buffet und ich folgte dey schnell, um dey allein zu erwischen. »Hey, Iris, das war toll, was du da erzählt hast.«

Iris, gerade dabei, ein kleines Baisertörtchen zu inspizieren, lächelte mich an. »Danke, ich liebe diese Arbeit so sehr. Und spannend, was du und Star da macht.«

Ich knetete meine Hände. »Ja, also, wegen Star – ich hab da eine Frage, könnten wir …?«

In dem Moment legte Candy die Arme um Iris' und meine Schultern. »Seid ihr bereit für unser Spiel?«

Ich runzelte die Stirn. »Welches Spiel?«

Iris grinste schelmisch. Ich sah mich um. Auch Aimée und sogar Nikolaus wirkten, als würden sie etwas aushecken. Nur Star hatte die Hände in den Hosentaschen vergraben, und seine Sonnenbrille verschleierte seinen Blick. Trotzdem wusste wohl auch er, was Candy meinte. Alle, bloß ich nicht. Wieder irgendwas, was ich verpasst hatte.

»Du kennst das natürlich noch nicht, Valentina. Sieh es als eine Art Aufnahmeritual«, erklärte Iris.

Schluck. Aufnahmeritual. Ich hatte etwas Bammel, was das sein könnte. Gleichzeitig wollte ich nicht die Außenseiterin bleiben. »Okay, cool.«

»Awesome!«, rief Candy und drückte mich, als wären wir Freundinnen. Hoffentlich musste ich nicht wie Herakles mit einem Löwen kämpfen. Oder wurde in ein Schwein verwandelt und musste meinen Weg durch ein Labyrinth finden, was Circe und Theseus so gerne spielten. Aber ich schätzte, es wurde das Liebesgottheitenäquivalent von so was.

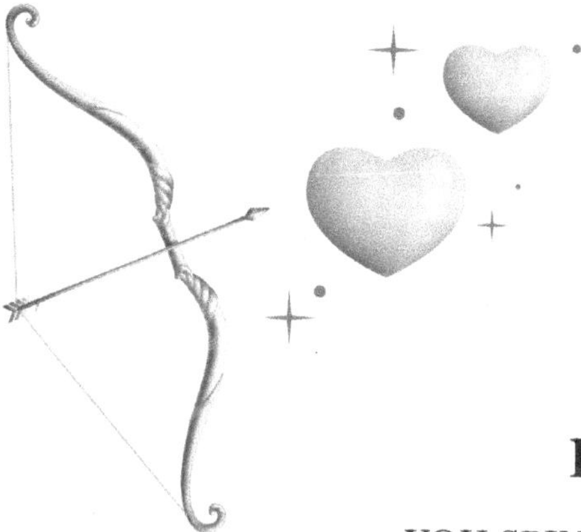

Kapitel 15

YOU SPIN ME ROUND

Flaschendrehen. Das Aufnahmeritual war Flaschendrehen.

Wir Nachwuchsliebesgottheiten hatten uns mit Snacks und Getränken versorgt und uns in einem kleinen Nebenraum in einen Kreis gesetzt. Um uns herum verbreiteten Kerzen ein romantisches Licht, Öle und Räucherstäbchen verströmten einen romantischen Duft, und in der Ecke stand eine Harfe, die irgendwas Romantisches spielte. Ja, wir mussten das auch noch in unserer Freizeit haben.

Candy hatte eine Limonadenflasche in der Mitte platziert und grinste wie bekloppt. Und sie war nicht die Einzige. Aimée hibbelte kicherig auf ihrem Platz, Nikolaus lächelte unter seinem Schal, und sogar bei Iris, dey sonst so cool war, sah ich einen vorfreudigen Gesichtsausdruck. Zu Star wollte ich gar nicht erst gucken. Irgendwie waren diese Liebesgötter mir ein kleines bisschen zu aufgeregt für so ein simples Spiel.

»Äh, was genau tun wir jetzt?«, fragte ich also. »Peinliche Fragen beantworten? Uns bei einer Aktion zum Affen machen?«

Knutschen? Aber das wollte ich wirklich nicht laut aussprechen, dabei würde ich nur knallrot werden. Allein der Gedanke daran ließ mein Herz schon hoffen, dass die Flasche auf Star zeigte und – na toll, schon stellte ich mir vor, wie Star und ich uns küssten, und wurde doch knallrot, schöner Mist.

Die anderen kicherten. »Schau einfach eine Runde zu, dann verstehst du es«, sagte Candy verschwörerisch. »Wer will anfangen?« Sie schaute zu Star und zog vielsagend die Augenbrauen hoch. »Vielleicht unser Menschenmädchenschwarm?«

Star verschränkte die Arme. »Haha, sehr witzig. Nein.«

Dabei warf er mir einen genervten Seitenblick zu, und ich zuckte entschuldigend mit den Schultern. Ups.

Aimées Hand schoss in die Höhe. »Darf ich? Darf ich?«

»Natürlich, wie immer«, stichelte Candy, und Aimée blinzelte nur zuckersüß.

»Bei so was kann ich nie widerstehen, weißt du doch.«

Aimée nahm die Flasche und drehte sie in der Mitte. Alle starrten wie gebannt darauf. Sie hatte richtig Schwung, und es dauerte eine ganze Weile, bis die Flasche langsamer wurde. Wen würde es treffen?

Schließlich blieb die Flasche stehen – und zeigte auf Iris.

Iris und Aimée warfen sich einen Blick zu.

Iris zwinkerte. »Wir zwei, Süße.«

Aimée warf dey eine Kusshand zu. »Mit niemandem lieber.«

Zu meiner absoluten Überraschung – nein, eher zum absoluten Schock – spannten sie ihre Bögen mit Liebespfeilen und richteten sie aufeinander. Sie flüsterten gegenseitig ihre Namen in die Pfeile und schossen diese ab. Es ging so schnell, dass ich gar nicht reagieren konnte. Die beiden zuckten leicht zusammen, als die Pfeile sie in die Brust trafen und dort puckernd stecken blieben.

Dann sahen die zwei sich in die Augen, und eine leichte Liebesenergie ging von ihnen aus. Aimées Wangen wurden rot, und Iris lächelte selig, als würde dey in dem Gefühl aufkeimender Liebe baden. Dey hielt Aimée die Hand hin, welche ihre zart hineinlegte. Iris wirbelte Aimée einmal um sich selbst und dann in die eigenen Arme. Sie sahen einander lange und intensiv an. Und dann begannen sie, wild rumzuknutschen. Mir fiel die Kinnlade herunter, und ich war so fassungslos, dass ich es nicht mal schaffte, wegzugucken, obwohl ich wirklich nicht zuschauen wollte. Candy sah begeistert aus und klatschte sogar johlend in die Hände. Nikolaus sagte nichts, aber er lächelte und hatte offenbar einen Heidenspaß. Star wirkte ebenfalls belustigt – dennoch kam ich nicht umhin zu bemerken, dass er kurz zu mir schielte. Vielleicht wollte er wissen, wie ich das Ganze fand.

Schließlich lösten Aimée und Iris sich voneinander. Aimée wischte sich über den Mund. »Bäh, du küsst wie ein Fisch!«

Hä? Wie bitte?

»Dein französischer Akzent ist voll fake!«, konterte Iris.

Aimée riss Mund und Augen auf und stieß einen empörten Laut aus. »Ich hasse Regenbögen, warum brauchen die eine eigene Gottheit?«

»Venedig ist viel romantischer als Paris!«

Es knackte. Zweimal. Und dann brachen die Pfeile ab, und somit verging auch die Liebe der beiden füreinander. Sie lachten und umarmten einander freundschaftlich, während Candy, Star und Nikolaus laut applaudierten.

»Sweet, das war ein neuer Rekord! Wer will als Nächstes?« Candy hielt die Flasche hoch.

Das war's? Sie machten weiter, als wäre nichts gewesen? Obwohl hier gerade zwei Pfeile abgeschossen worden waren und jemand das Wunder der Liebe erfahren hatte? Mir wurde übel, als ich verstand, dass ihr Spiel war, sich nur zum Spaß zu verlieben. Nur für den Rausch der Gefühle, und dann zerschmetterten sie diese in Sekundenschnelle.

»Ist das euer Ernst? Das ist euer Ritual?«, fauchte ich.

Aimée zuckte mit den Schultern. »Ja. Witzig, oder?«

»Witzig? Ihr spielt hier mit echten Gefühlen! Liebespfeile zu verschießen und zu erhalten ist ein Privileg. Das sollte man nicht unüberlegt machen. Und es ist ganz sicher nicht witzig!«

Candy rollte mit den Augen. »Komm mal runter, ist doch nichts dabei.«

Jetzt war ich richtig sauer, und da war es mir auch egal, was die anderen von mir hielten. »Es geht hier um Liebe! Liebe ist kein Spaß, man muss sie ernst nehmen! Sie ist wichtig. Und ihr tretet sie mit Füßen.« Ich sprang auf. »Da mache ich nicht mit. Und ihr nennt euch Liebesgötter? Hoffentlich geht ihr nicht genauso leichtfertig mit den Menschen um.«

Okay, das letzte bisschen war vielleicht zu gemein, und ich merkte selbst, wie ich mich wie die größte Spaßbremse des Jahrtausends benahm. Aber mit Liebe spielte man nicht! Wenn Amor oder Aphrodite davon wüssten, würden sie an die Decke gehen. Oder wussten sie es sogar?

Candy sprang auf, ebenfalls randvoll mit Wut. »Hör mal zu, Honey! Du bist seit fünf Minuten Liebesgöttin und erzählst uns, wir hätten keine Ahnung? Nur weil du Amors Tochter bist, bist du nichts Besseres!«

Yeah, endlich, diese alte Leier. Hatte schon drauf gewartet. Ich öffnete den Mund, um etwas Hitziges zu erwidern, da fuhr mir jemand dazwischen.

»Valentina hat recht.«

Alle – inklusive mir – sahen verblüfft zu Star, der ruhig auf dem Boden saß und jetzt die Flasche in die Hand nahm. »Mit Liebespfeilen sollten wir nicht spielen, nur um ein bisschen Spaß zu haben. Das lernen wir doch. Ist schon ziemlich daneben.«

Candy stöhnte. »Echt jetzt? Das hat Tradition, wir machen das immer. Alle von uns haben doch mal einen Pfeil abgekriegt und sich dann gegenseitig das Herz gebrochen.« Sie stupste Star mit der Faust gegen die Schulter. »Und du fandest das auch mal lustig.«

Mein blödes Herz verkrampfte sich. Star hatte hier mitgespielt? Ich dachte, er nähme seinen Job so furchtbar ernst? Doch noch viel brennender war die Frage, in wen Star sich verliebt hatte? Aimée? Nikolaus? Candy? Vielleicht in alle und gleich mehrmals? Candy konnte bestimmt super küssen. Boah, bitte nicht die.

Star rückte von Candy weg und stand auf. »Aber jetzt nicht mehr. Ich finde, wir sollten das lassen. Ein für alle Mal.«

»Shooting Star!«, rief Candy. »Das ist doch nur ein Spiel! Jetzt sei nicht so. So lernen wir am besten, wie es ist, getroffen zu werden und verliebt zu sein. Und sich zu entlieben. Das ist nur gut für uns.«

Das Gleiche, was Desirée auch über meine Liebe zu Star gesagt hatte. Aber in diesem Fall stimmte es einfach überhaupt nicht.

»Hey, aber wir zwingen hier niemanden zu irgendwas.« Iris hob beschwichtigend die Hände. »Und wenn ein paar von uns ein Problem damit haben, sollten wir das lassen.«

»Stimmt schon, was Star und Valentina sagen«, brummte Nikolaus.

Candy sah Hilfe suchend zu Aimée, aber auch die zögerte. Candy stöhnte. »Whatever. Macht doch, was ihr wollt. Spielverderber! Ich geh zurück nach Amerika, die sind da gechillter als ihr.«

Sie drehte sich um und stolzierte aus dem Raum.

Star steckte seine Hände in die Hosentaschen. »Ich geh auch lieber.« Er nickte mir kurz zu. »Wir sehen uns morgen.«

»Bis morgen«, stammelte ich und sah ihm nach.

Ich hätte nie erwartet, dass Star mich gegen Candy unterstützte. Iris ja, vielleicht auch Nikolaus. Aber nicht er. Nicht nach all den Jahren voller Sticheleien gegen mich. Zumal Star bisher nie der Meinung der Gruppe widersprochen hatte. Aber jetzt hatte er es getan. Wieso? Etwa für mich?

Der Pfeil in meiner Brust pulsierte hoffnungsvoll bei diesem Gedanken. Ach ja, da war ja noch was.

Ich beugte mich zu Iris. »Kann ich dich was fragen?«

Iris nahm einen Schluck Limonade. »Oh, stimmt, deine Frage wegen Star.«

Ich wurde rot. Der Mut, dey das zu erzählen, rutschte ganz tief irgendwo Richtung Füße. »Nee, was anderes.« Mir war nämlich bei dem Spiel etwas aufgefallen. Also zog ich dey ein wenig von Aimée und Nikolaus weg, die auch in Aufbruchstimmung verfielen.

»Du und Aimée, ihr wart eben doch ineinander verliebt, und dann habt ihr euch einfach so die Herzen gebrochen. Als wäre nichts dabei. Paps hat mir gesagt, dass das bei Liebesgöttern echt schwierig ist und die Liebe ewig halten kann.«

Iris lächelte wieder deren wohlwollendes Lächeln. »Das stimmt. Aber bei mir und Aimée ist keine Basis vorhanden. Wir schwärmen nicht füreinander.«

»Aber ich habe doch eine Liebesaura gesehen.«

Iris wiegte den Kopf. »Klar, ein bisschen Anziehung kann der Pfeil hervorrufen. Gerade bei uns Liebesgöttern.«

»Trotzdem habt ihr es einfach geschafft, eure Pfeile zu zerbrechen.«

»Na ja, wir haben es aber auch darauf angelegt.«

»Genau!«, rief ich, ein bisschen zu laut. »Wir sollten so was doch gut können. Wenn man als Liebesgöttin nicht mehr verliebt sein will, sollte das ohne Probleme gehen, oder?«

»Nun, ich verstehe, dass man als Liebesgöttin vielleicht nicht unbedingt die Liebe sucht. Aber selbst wir sind nicht davor gefeit. Manchmal bahnt sich die Liebe eben ihren Weg. Dann kann auch der beste Liebesgott seinen Pfeil nicht zerbrechen, auch wenn er alle Tricks kennt. Dein Vater hat sich doch auch in deine Mutter verliebt. Das ist echte Liebe, und die kann lange halten. Aber bei mir und Aimée war es das nicht.« Iris betrachtete mich nachdenklich. »Geht es hier um eine bestimmte Person?«

»Nein!«, antwortete ich schnell – vielleicht etwas *zu* schnell. Ich rückte meine Jacke zurecht. »Ich … hab mich das nur gefragt.«

»Okay«, sagte Iris, aber überzeugt klang das nicht.

Ich zwirbelte am Saum meiner Jacke herum. »Nur um sicherzugehen: Es gibt tatsächlich keinen Weg, eine solche Liebe selbst zu beenden?«

Iris zuckte mit den Schultern. »Es ist auf jeden Fall schwierig. Ich glaube, nicht mal dein Vater weiß das so genau. Manchmal soll es einfach sein. Da musst du dich vielleicht an die Schicksalsgöttinnen wenden … Wobei ich dir das nicht empfehlen würde. Die mögen es gar nicht, wenn man sie infrage stellt.«

Na super. Ich war hoffnungslos verloren.

Iris sah auf deren Uhr. »Ich sollte wohl auch los. Apropos dein Vater: Grüß ihn lieb von mir. Er hat doch morgen Geburtstag, nicht wahr?«

Dey winkte zum Abschied. Auch Aimée und Nikolaus hatten sich auf den Weg gemacht, und so blieb ich allein zurück. Ich schnappte mir einen Cupcake und biss genervt ab. Wahre Liebe? Mit Star? Und ich sollte mein Herz nicht brechen können? Das war doch zum Verrücktwerden!

Ich sah auf meinen Cupcake und legte ihn angewidert zur Seite. Davon würden wir sicher beim Geburtstag morgen auch noch mal Dutzende kriegen. Und dann, plötzlich, fiel der Groschen. Es gab noch eine Möglichkeit, wie ich mir das Herz brechen konnte! Und diese Methode würde ganz sicher funktionieren. Aber sie war wirklich, wirklich hardcore.

Kapitel 16

PIANO MAN

Am nächsten Tag saß ich in der großen Pause auf einer Bank auf dem Schulhof und scrollte durch Social Media. Um ehrlich zu sein – durch Stars Social-Media-Profile.

Ich wusste nicht mal, wonach ich suchte. Nach einer Idee, wie ich mich doch anders entlieben konnte als durch meinen verrückten Plan? Nach irgendeinem Hinweis, dass ich es nicht tun sollte, weil er eigentlich ein guter Typ war? Ich sah Videos von ihm an verschiedensten Orten, alle schick inszeniert, kommentiert von seinen Abertausenden Followern, zusammen mit Berühmtheiten (die nicht ahnten, dass er ihr persönlicher Liebesgott war). So viele Herzen unter seinen Posts!

»Also, wenn ich nicht wüsste, dass es so ist, würde ich dich jetzt fragen, ob du verliebt bist.«

Ich zuckte so doll zusammen, dass ich fast das Handy fallen ließ. Desirée sah mich belustigt an und steckte sich eine Erdbeere in den Mund.

»Quatsch, das ist nur Recherche.«

»Ist klar, Leuchtreklame«, nuschelte sie kauend.

Ich steckte mein Handy ein. »Das Leuchten kannst du gar nicht sehen. Außerdem weiß ich endlich, wie ich mich entliebe.«

Desirée setzte sich neben mich. »Da bin ich aber gespannt.«

Ich sah mich um, ob auch keiner lauschte. »Wusstest du, dass mein Vater einen Zwillingsbruder hat?«

Desirée sah mich erstaunt an. »Echt?«

»Ja, Anteros. Eher weniger verehrt. Aus gutem Grund. Er ist das Gegenstück zu meinem Vater: der Gott der Entliebung.«

»Und was soll das heißen?«

»Das bedeutet, dass er dafür sorgt, dass Menschen nicht mehr verliebt ineinander sind und sich trennen. Er sorgt für das Brechen von Pfeilen.«

Desirée blieb der Mund offen stehen. »Das ist doch perfekt! Warum hast du ihn denn nicht früher um Hilfe gebeten?«

Ich druckste herum. »Weil er schon ganz schön krass ist. Und mein Vater das nicht gut fände. Die streiten sich eigentlich die ganze Zeit nur. Eine solche Entliebung kann echt viel kaputt machen, die nächste Liebe könnte dann ewig dauern. Anteros ist die allerletzte Möglichkeit – aber offenbar meine einzige. Er kommt heute zum Abendessen, da frage ich ihn.«

Ich blickte auf meine Hände, und Desirée legte mir ihre auf die Schultern. »Brauchst du emotionale Unterstützung?«

Ich lächelte sie an. »Das wäre toll.«

Sie nickte. »Okay. Und Achtung, hier kommt Flattersternchen.«

Noch bevor ich »Was?« fragen konnte, stand auch schon Star vor mir. Strahlend schön wie immer, seufz.

»Valentina, wir müssen uns um Mimi kümmern. So was wie gestern mit Aphrodite – das will ich nicht noch mal. Auch wenn du sie gut hingehalten hast.«

Mein Herz machte einen leichten Hüpfer bei seinem Kompliment. Und er hatte nicht ganz unrecht. Okay, Entliebung nachher, Verliebung jetzt.

»Das will ich auch nicht. Was ist deine Idee?«

Zum ersten Mal sah Star niedergeschlagen aus. »Ich hatte gehofft, du hättest eine. Du … denkst manchmal unkonventioneller als ich, und vielleicht ist das gerade gefragt.«

Ich konnte gar nicht fassen, was er da sagte. Star bat mich um Hilfe. Dass ich das noch erleben durfte!

Nur leider fehlte mir die zündende Idee. Bis vor Kurzem hatte ich ja noch geglaubt, dass er der Richtige für Mimi wäre. Und da hatten meine Pläne aufgehört. Ich hatte mich komplett an ihn und diese Liebesaura geklammert – ich stockte. Die Liebesaura! Natürlich!

»Ich weiß, dass es jemanden gibt, der Mimi richtig mag«, erklärte ich. »Ich weiß nicht, wer, aber wenn wir den finden … Er hat die krasseste Liebesaura, die ich je gespürt habe. Nämlich die, die ich erst für deine gehalten habe.«

Star verzog das Gesicht. »Bist du sicher, dass sie wirklich Mimi galt? Ich meine, du und Liebesauren sind ja …«

»Wag es nicht, diesen Satz zu beenden!« Ich funkelte Star wütend an.

Er hob abwehrend die Hände. »Okay, ich vertraue dir. Ist wohl die beste Spur, die wir haben. Ich folge deiner Anweisung.«

»Wie bitte, wie war das?«

Er stöhnte auf und unterdrückte ein Lächeln. »Na los.«

Ich grinste. Vielleicht wurden wir doch noch ein gutes Team.

Wir suchten den gesamten Schulhof ab. Mimis Geheimversteck bei den Mülltonnen, ihre Treppe … Ich versuchte, Star die Liebesaura zu beschreiben, da er sie bisher nicht gespürt hatte, aber das war gar nicht so einfach. Wir blieben daher lieber zusammen, statt uns aufzuteilen. Ich fühlte mich wie ein Trüffelschwein für Liebe.

Nervigerweise fragte Star ständig, ob ich schon was wahrnehmen würde.

»Ich sag dir schon Bescheid!«

Doch nichts. Die Pause näherte sich dem Ende, also schlug ich vor, zum hinteren Schulhof zu gehen. Immerhin war dort die Aura das erste Mal aufgetaucht.

»Da ist nie jemand«, murrte Star, als wir an den Musikräumen vorbeimarschierten. »Lass uns woanders gucken. Bei den Klos oder so.«

»Das kannst du ja gerne machen«, bot ich an. Ich hatte keine Lust, Leuten auf dem Klo aufzulauern. Star seufzte ergeben und ließ mir den Vortritt. Ich stieß die Hoftür auf, trat hindurch und erstarrte. Da war etwas in der Luft. Ganz fein. Ganz klein. Und vertraut. Wie eine leichte Geruchsnote und doch unverkennbar.

»Da ist sie«, murmelte ich und ließ prompt die Tür los, sodass sie Star vor der Nase zuknallte.

»Ey!« Schnell kam er hinterher. »Was soll das denn?«

Ich bedeutete ihm, still zu sein. Irgendwo hier musste jemand sein, und ich wollte die Person auf keinen Fall verschrecken. »Die Liebesaura«, flüsterte ich.

Star wurde ganz leise und konzentrierte sich – und bekam dann große Augen. »Woah!«

Ich nickte. »Genau.«

Star konnte gar nichts sagen, so eingenommen war er von der Aura. Seine Lippen bewegten sich wortlos. Waren das Tränen in seinen Augen? Er sah aus, als würde er gerade den schönsten Sonnenuntergang der Welt beobachten. Auch mir wurde wohlig warm.

Er drückte meinen Arm, und ein Blitz schoss durch meinen Körper. Aaah, Star! Nicht gut, nicht gut, eine Berührung setzte doch die Gedanken in meinem liebeswütigen Gehirn aus, und ich würde meinen Fokus verlieren.

»Valentina, das ist es!«, hauchte er. »Das ist die Person, die wir suchen! Eigentlich ist das nur eine Schwärmerei, und trotzdem: So eine reine Liebe spürt man nur selten.« Ich spürte gerade zwei. Und zwar heftig. Eine bei mir selbst. Verdammt.

Dann mischte sich noch etwas anderes zu der Liebesaura, und diesmal war es etwas, was auch Menschen wahrnehmen konnten. Die leise Melodie eines Klaviers drang aus dem offenen Fenster einer der Musikräume, ganz zart und sanft. Sie schickte ein Kribbeln durch meinen Körper. Und ich begriff, dass es das war, was diese Liebesaura von anderen unterschied – sie war wie Musik. Schwang durch die Luft wie eine perfekt komponierte Symphonie von Gefühlen. Star und ich nickten einander zu und schlichen zu dem Fenster. So vorsichtig, wie wir konnten, spähten wir hinein.

Im Musikraum stand vorne neben der Tafel ein Konzertflügel – und daran saß Yannick, der langhaarige Junge aus dem Schulorchester. Er hatte die Augen geschlossen, und seine Finger flogen über die Tasten, als würde die Musik direkt aus seinem Herzen fließen. Ich erkannte das Lied – eine gefühlvolle Balladenversion von *Love is in the air*. Und mit jedem Tastenspiel, jeder Note, stieg eine neue Nuance seiner Liebesaura zu uns herüber. Er war es! Es ergab alles einen Sinn! Ich hatte ihn an der Treppe getroffen, wo Mimi immer saß. Er hatte mich zu ihrem Geheimversteck geführt. Und als wir Mimi und Felix gefolgt waren, hatte das Orchester gerade geprobt. Überall, wo ich die Aura gespürt hatte, war er nicht weit gewesen. Nur verborgen. Leicht zu übersehen. Doch seine Liebesmelodie hatte uns zu ihm geführt.

Ich sah zu Star – und er hatte das breiteste Lächeln auf seinem Gesicht, das ich je gesehen hatte. Er bedeutete mir, wieder vom Fenster wegzuschleichen. Niemals wollten wir Yannick bei seiner Musik stören.

»Valentina, das kann echte Liebe werden«, flüsterte er. »Diese Liebe gilt Mimi. Du hattest recht. Und es ist definitiv viel mehr als Fanliebe. Es ist … so viel tiefer. Er versteht sie wie vielleicht niemand sonst. Und vor allem schon lange.«

Das alles konnte er in so eine Melodie hineinlesen? Streber.

»Was meinst du damit?«, fragte ich.

Star zögerte. »Er schwärmt schon ewig für Mimi. Eine Schwärmerei, die er lange für sich behalten hat. Die in ihm herangewachsen ist und ein Teil von ihm wurde. Die er nie ausgelebt, sondern einfach akzeptiert hat, als etwas, das immer da, aber nie mehr sein würde. Wer weiß, warum.«

Das hatte er alles so schnell erkannt? Stars Blick war völlig verträumt. So sprach er sonst nie über die Liebe. Vielleicht hatte das mit dem Klassenbesten doch seinen Grund. Er war ein toller Liebesgott. Mein Herz fing richtig an zu tanzen.

»Umso wichtiger, dass wir ihm jetzt helfen, diese Liebe auszuüben!«

Star zuckte zusammen. »Ja. Ja, genau. Sehr gut.« Er sah mich an, als wäre er aus einer Trance erwacht.

»Star? Alles in Ordnung?«

»Klar, natürlich. Wir sollten nur aufpassen. Vielleicht will er diese Liebe gar nicht ausleben. Es gibt eventuell einen Grund, warum er ihr nicht nachgeht.«

Jetzt war ich es, die ihm eine Hand auf den Arm legte. Zögerlich. Er sollte nicht bemerken, dass ich da auch ein kleines Problem mit unausgelebter Liebe hatte. »Dafür sind wir da. Wir helfen ihm! Morgen legen wir los.«

Star blinzelte. »Wieso erst morgen? Wir könnten heute Nachmittag noch planen.«

Ertappt riss ich meine Hand zurück. »Ähm, sorry, Paps hat heute Geburtstag. Und dann hab ich noch was Wichtiges zu erledigen.«

Das Wichtigste überhaupt.

Kapitel 17

WRECKING BALL

Desirée hatte mich im Vorwege gefragt, wie sie sich so eine Geburtstagsfeier im Olymp vorstellen musste. Sie dachte zuerst an endlose Buffets, Eisskulpturen, Weinbrunnen, Amoretten, die einen im Liegen mit Trauben fütterten, Hunderte von Gäste, laute Livemusik durch magische Instrumente und all solches Gedöns. Bei Zeus oder Dionysus mochte es wirklich so aussehen. Aber bei uns ging es immer sehr viel gesitteter zu. Die Geigen an der Decke dudelten Musik, die Amoretten erfüllten Paps jeden Wunsch und uns keinen, Aphrodite war stets furchtbar overdressed, Mama verdrehte bei jedem ihrer Worte die Augen, es gab genau eine Torte, von der Bussi am meisten aß, und wenn wir Glück hatten, lieferten Paps und sein Bruder sich kein brutales Wettschießen um den Tisch herum.

Okay, die Torte war diesmal fünf Meter hoch, pink, und die Zuckerfigürchen waren nicht nur unfassbar ausgefeilt, sie waren auch lebendig, flogen durch die Luft und versprühten Rosenduft. Um sie herum befand sich eine Armee von Cupcakes, die wohl tatsächlich vom Nachwuchsgöttertreffen übrig geblieben waren. Die Geigen unter der Decke spielten ausnahmsweise Geburtstagslieder – auf eine höchst romantische Weise natürlich. Und die Amoretten hatten zumindest vor, auch uns das Essen zu servieren. Im Moment richteten Fernando und Roberto noch den Tisch her, während Eugene, George, Sebastien und alle anderen in der Küche rödelten.

Es klingelte an der Haustür, und ich öffnete der wie immer sehr pünktlichen Desirée. Sie sah hinreißend aus. Ihr erdbeerblondes Haar trug sie zur Abwechslung offen und hatte es an den Spitzen leicht gewellt. Um ihre Augen glitzerte grünes Make-up, ihre kurze Jacke war weiß und aus fluffigen Federn, der Rock und das grüne Shirt sahen mega dazu aus.

»Ist das schick genug?«, flüsterte sie mir zu.

»Klar!«, bejahte ich und fühlte mich gleich viel kitschiger in meinem pinken Tüllkleid und den Herzhaarspangen in meinem Dutt. Aber Paps liebte dieses Outfit, und es war schließlich sein Geburtstag.

»Ich hab gar kein Geschenk«, zischte Desirée. »Nur so eine komische Karte, die meine Mutter noch im Sekretär hatte.«

Sie hielt eine glitzernde Karte hoch, darauf war ein süßer Hundewelpe abgebildet und der Spruch »Kuschelige Geburtstagsgrüße«.

»Awwww, er wird es lieben!« Paps fuhr total auf solche Niedlichkeiten ab. »Und keine Sorge. Er ist ein Gott, er braucht keine Geschenke«, fügte ich hinzu und verschwieg, dass ich ihm mit Hedi zusammen einen Ausflug mit einem Heer Pegasi geschenkt hatte. Weil Paps auch Pferde liebte, vor allem die mit Flügeln.

Plötzlich wurde das Gefiedel lauter, und die Amoretten stellten sich wie eine Schar Diener in einer Reihe auf. Wir blickten den Treppenaufgang hinauf.

Wie das herrschaftlichste Paar aller Zeiten – was sie ja auch waren – schritten meine Eltern die Treppe herunter. Mama trug ein fließendes Seidenkleid mit der längsten Rockschleppe der Welt. Und Paps war in die beeindruckendste seiner Togen gehüllt, einen vollen Kranz aus echten goldenen Lorbeerblättern auf dem Kopf. Alles, was die beiden trugen, schimmerte leicht rosa.

»Müssen wir jetzt singen?«, fragte Desirée. »Ich hab das Gefühl, wir sollten ein Geburtstagslied singen.«

»Untersteh dich!«, wisperte ich. Noch peinlicher könnte es wohl nicht werden. Außerdem sangen wir erst beim Essen.

Amor und Psyche ließen sich Zeit, obwohl sie längst bemerkt hatten, dass nur Desirée und ich unten an der Treppe auf sie warteten. Sie genossen die Bewunderung viel zu sehr.

Nach einer halben Ewigkeit kamen sie unten bei uns an. Paps war überglücklich, Desirée zu sehen. Als hätte ich ihm damit ein extra Geburtstagsgeschenk gemacht. Was natürlich meine einzige Absicht gewesen war, was sonst?

Desirée zögerte, dann hielt sie Paps die Karte hin.

»Nur eine Kleinigkeit.«

Paps betrachtete die Karte und quietschte. »Oh, wie famos! Psyche, schau nur, wie zuckersüß dieser Hund ist.«

Mama schaute darauf und quietschte ebenfalls. »*Kuschelige Geburtstagsgrüße*, nein, wie witzig!«

Göttlichkeit schützt vor Peinlichkeit nicht, ich sage es immer wieder.

Sie klappten die Karte auf und quietschten noch höher. »Hast du das selbst geschrieben?«

Sie hielten Desirée die offene Karte hin, in die sie mit pinkem Glitzerstift und ihrer geschwungenen Handschrift einen kurzen Geburtstagsgruß gekritzelt hatte.

»Ääh … ja?« Desirées Gesichtsausdruck sagte ganz eindeutig: »Wer sollte es denn sonst geschrieben haben?«

Paps und Mama waren ganz aus dem Häuschen. »Ach, wie wundervoll!«

»Was ein tolles Geschenk!«

»Und auch noch mit pinkem Glitzer!«

Dann fielen sie Desirée beide um den Hals.

»Das ist das beste Geschenk aller Zeiten!«

Na, da konnte mein Pegasiausflug wohl einpacken, ich Anfängerin.

Mittlerweile kannte Desirée Paps so gut, dass sie bei seinem Anblick normalerweise nicht mehr in die Göttliche Überforderung verfiel, wie die meisten Menschen. Die starrten dann nur noch regungslos und glückselig vor sich hin und bekamen nichts mehr mit. Aber eine Umarmung von gleich zwei Olympiern überlastete Desirées armes Menschenhirn dann doch etwas, und ich befreite sie lieber schnell von meinen Eltern. Desirée schwankte ein bisschen, und ich hatte

Angst, dass sie gleich umfiel, also hielt ich sie lieber fest. »Alles okay?«

»Aaaaalles subbiiii«, lallte sie mit einem leicht entrückten Grinsen. Na toll. Als hätte sie drei Gläser Champagner getrunken. Hoffentlich fanden ihre Eltern das nicht heraus.

Um sie vor weiterem Schaden zu bewahren, schirmte ich schnell ihre Augen ab, als Aphrodite mit hellem Chorgesang und gleißendem Licht in unserer Eingangshalle erschien.

Aphrodite rauschte, kaum angekommen, auf ihren Sohn zu und überschüttete ihn mit göttlich-mütterlichen Küssen. »Alles Gute zum Geburtstag, mein kleiner Schatz!«

Amor wurde quietscheknallrot, während seine Mutter ihn an sich drückte, als wäre er noch der kleine geflügelte Bube, der er sicher mal gewesen war. Mama und ich tauschten einen belustigten Blick.

Aphrodite wandte sich an mich und strich mir übers Gesicht. »Mein Herzmädchen, wie schön, dich zu sehen.«

Dann bemerkte sie Desirée hinter mir, die langsam wieder geradeaus schauen konnte. »Oh … Deine menschliche Freundin ist auch hier? Wie … ungewöhnlich.«

Aphrodite konnte wirklich sehr freundlich abfällig sein. »Ja, kleine Überraschung. Weil Paps sie so mag«, sagte ich grinsend. Schön die Verantwortung abgeben.

Wie aufs Kommando hielt Paps die Grußkarte hoch. »Sieh nur, was für eine süße Karte sie mir geschenkt hat.«

»Herzallerliebst«, kommentierte Aphrodite, ohne die Karte anzusehen. »Sollen wir uns setzen?«

Damit eilte sie auf die gedeckte Tafel zu – ohne meine Mutter eines Blickes zu würdigen, wie immer. Mama verdrehte die Augen, wohl das erste Mal von vielen heute Nachmittag. »Hallo, Schwiegermutter, wie toll, dass du da bist. Ja, mir geht es gut. Und selbst?«, murmelte sie mir zu, und ich kicherte.

Ich war nur froh, dass Aphrodite mich bisher nicht auf das Treffen gestern angesprochen hatte, und ich hoffte, das würde auch so bleiben.

Aphrodite hielt unvermittelt an, offenbar war ihr eingefallen, dass sie etwas vermisste. »Amor, wo ist dein Bruder?«

Als hätte er die ganze Zeit nur auf dieses Stichwort gewartet – und das war tatsächlich nicht auszuschließen –, betrat Anteros das Haus. Und wie!

Die Flügeltüren donnerten an die Wand, und das ganze Haus zitterte. Bussi, der unbemerkt auf den Tisch gehopst und sich den Cupcakes genähert hatte, flog aufgeregt in die Luft. Natürlich mit Beute. Er war eine geübte Möwe.

Das Erste, was ich von meinem Onkel sah, waren die klobigen grünen Stiefel, mit denen er offensichtlich die Tür aufgetreten hatte. Wer benutzte schon Hände? Mama bekam schon ein leichtes Zucken am Auge von dem Schuhabdruck auf dem Holz.

Auch der Rest seines Auftretens machte klar, dass er nicht nur der Sohn der Aphrodite, sondern auch des Ares war. Er und Amor waren sich im Prinzip wie aus dem Gesicht geschnitten, aber zwischen ihrem Kleidungsstil lag ein olympweiter Unterschied. Anteros trug eine dunkle Sonnenbrille, eine schwarze Cargohose wie vom Militär und ein eng anliegendes Shirt mit der Glitzeraufschrift »Love sucks!«. Sein Motorrad stand sicher irgendwo um die Ecke.

Um seine Schulter geschwungen war seine Armbrust, die Bolzen waren an seiner Gürteltasche befestigt. Sein bevorzugtes Werkzeug für Entliebungen. Darauf ausgelegt, unsere zarten Liebespfeile zu spalten, zu pulverisieren, auf Nimmerwiedersehen verschwinden zu lassen.

»Brüderchen, wie schön, dich zu sehen!«, begrüßte Anteros Amor mit ausgebreiteten Armen. »Alles Gute zu unserem Geburtstag.«

Amor trat zurück, um der Umarmung auszuweichen. »Nenn mich nicht Brüderchen, ich bin älter als du.«

»Ach, die paar Minuten«, winkte Anteros ab.

Amor bemerkte Anteros' Shirt und sog scharf die Luft ein. »Was hast du denn da an?«

Anteros zupfte daran und grinste. »Cool, oder?«

»Liebe ist blöd?«, rief Amor. »Ich glaube nicht. Damit kommst du nicht in mein Haus.«

»Na, gut, dass ich schon drin bin.«

Ungefragt ließ Anteros sich auf eine Chaiselongue fallen, bereit, bedient zu werden. Und um Paps noch mal richtig zu provozieren, legte er seine schmutzigen Schuhe aufs Polster. Meine Eltern waren kurz vorm Explodieren. Ich musste mich wegdrehen, um nicht loszulachen.

»Und wenn ich mich richtig erinnere – fandest du vor Kurzem nicht noch selbst die Liebe überflüssig? Ist doch so, oder, Chagrin?«

Jetzt erst bemerkten wir die kleine Gestalt im Türrahmen. Sie sah aus wie der reinste Trauerkloß, als würde ewig eine Regenwolke über ihr hängen. Hängende Schultern, lange fettige Haare, Augenringe, ein alter Jogginganzug.

Oh, komm schon. Chagrin war so ungefähr die unangenehmste Gestalt, die man in unser Haus bringen konnte – und Anteros wusste das. Chagrin war sein Lehrling, angehender Gott des Liebeskummers. Und klar, das war zwar seine Berufung und sein Job, aber er schaffte es wirklich jedes Mal, einem Raum jegliche Freude und Energie zu entziehen.

»Hey, Amor«, murmelte Chagrin leise, ohne den Mund richtig aufzumachen. Die Worte hängte er aneinander, als wären sie ein einziges, langes, genuscheltes Wort. »Wir haben uns neulich doch erst getroffen, dir ging's richtig schlecht. Das ganze Himbeereis war echt toll. Und die vielen Liebesfilme. Und weißt du noch, wo du den Bademantel herhast? Der sah superbequem aus.«

Ich bekam eine richtige Gänsehaut am ganzen Körper, während er sprach. Mein Pfeil in der Brust reagierte prompt, und ich spürte Tränen in mir aufsteigen. Star fand mich nervig, impulsiv und unbegabt. Er würde meine Gefühle nie erwidern. Ich würde nie wieder glücklich werden.

Stopp! Das durfte doch nicht wahr sein, dass Chagrin die Luft so mit seinem Liebeskummer verpestete! Ich machte lieber einen Schritt zurück, bevor das noch schlimmer wurde.

Paps jedoch lief knallrot an und schielte verlegen zu Mama, die leicht gereizt ihre Finger dehnte, wohl um nicht loszuschreien.

Anteros grinste ihr zu und nahm einen seiner Bolzen heraus. Ein widerliches Ding mit unendlich vielen Widerhaken. Sah richtig schmerzhaft aus. So schmerzhaft, wie sich Herzschmerz wohl anfühlte.

»Psyche, Liebes, wie unglücklich bist du eigentlich momentan in deiner Ehe? Noch gelangweilt? Sag einfach Bescheid, ja? Du weißt, wo du mich findest?«

»Anteros!«, blaffte Amor.

»Was denn? War bloß ein Angebot, ich will nur helfen. Ich meine, die arme Frau muss mit dir verheiratet sein, das ist echt keine Freude.«

»Du kommst in mein Haus und bedrohst meine Ehe? Was soll das?«

»Hey, hey, ich darf mir wohl ein bisschen Spaß erlauben?«

»So, wie es dir Spaß macht, Paare auseinanderzubringen, an deren Verkupplung ich jahrelang gearbeitet habe?«

»Ach, jetzt hab dich nicht so. Obwohl … Ich frage mich, wie es diesem Schauspielertraumpaar nach ihrem Liebes-Comeback gerade geht …«

Amor war auf 180. »Ich habe siebzehn Jahre gebraucht, um die wieder zusammenzukriegen!«, brüllte er. »Du machst mir das nicht kaputt, nur weil du keine anderen Hobbys hast!«

Amor war vielleicht auf 180, aber Anteros war jetzt auf über 9000. Er schnellte in die Höhe.

»Keine Hobbys? Keine Hobbys? Das ist mein Job! Immer wenn ihr es verkackt mit eurer Liebe und nicht aufpasst, wen ihr da verkuppelt, dann darf *ich* hinterher aufräumen. Glaubst du, es macht mir Spaß, Leute zu entlieben? Ihnen das Herz zu brechen? Wenn ihr euren Job mal gewissenhafter machen würdet, dann müsste ich das nicht tun, nur um Schlimmeres zu verhindern.«

Amor sprang ihm quasi ins Gesicht. »Ich lasse mir doch nicht von einem Pöbelgott, der zu seinem eigenen Geburtstag zu spät kommt, sagen, dass ich meinen Job schlecht mache!«

»RUHE JETZT, ZUM HADES NOCH MAL!«

Aphrodites Stimme ließ alle erschrocken zusammenfahren. Sogar Chagrin, der gerade Bussi unterm Kinn gekrault hatte, machte sich noch kleiner.

»Ihr seid beide wichtig! Ihr habt beide wichtige Jobs! Ihr seid zwei Seiten einer Medaille. Ohne den einen gäbe es den anderen nicht!« Aphrodites Stimme ließ keinen Widerspruch zu. »Und jetzt will ich essen, zum dreigeköpften Zerberus noch mal!«

Ohne Widerworte begaben wir uns zum Tisch und setzten uns. Sofort begannen die Amoretten, uns mit Essen und Getränken zu versorgen.

»Was für ein unangenehmer Typ«, flüsterte Desirée mir mit kurzem Blick auf meinen Onkel zu. »Sicher, dass du den an dein Herz ranlassen willst?«

Das war wirklich eine sehr gute Frage.

Kapitel 18

BREAKING UP IS HARD TO DO

Das Geburtstagsessen verlief nicht sehr harmonisch. Paps freute sich über seine Geschenke – den Pegasiausflug von Hedi und mir und einen Pärchenurlaub an allen romantischen Orten der Welt von Mama. Das entlockte Anteros, der keine Geschenke bekam und auch keine gewollt hatte, ein missbilligendes Schnauben.

»Was hast du jetzt wieder gegen Liebe?«, fragte Paps, der sofort darauf ansprang.

Anteros steckte sich einen riesigen Bissen in den Mund und stützte den Ellenbogen auf dem Tisch ab. »Nichts«, sagte er mit vollem Mund. »Ist nur echt kitschig, wie verliebt man sein kann. Und dass man dann solche Sachen schön findet. Ich meine, man kann doch auch unromantisch irgendwo hinfahren.«

Da hatte er recht. Gleichzeitig sorgte die Vorstellung, mit Star zusammen in einer Gondel in Venedig zu sitzen, bei mir für ordentlich Herzflattern.

Oh, zum Olymp noch mal – nein, das war ein furchtbarer Gedanke!

»Ach, Anteros«, säuselte Mama, in einem Versuch der Streitschlichtung. »Ich weiß, das verstehst du vielleicht nicht. Aber es ist sehr schön, wenn man verliebt ist.«

Amor ließ sich von Mamas Sanftheit mitreißen und sah seinen Bruder mitfühlend an. »Keine Sorge, das siehst du sicher irgendwann genauso. Du findest bestimmt auch bald jemanden. Ich verliebe dich schon noch.«

Bei diesem Kommentar blitzten Anteros' Augen bedrohlich. Er stach seine Gabel in den Tisch und beugte sich grinsend zu Amor rüber. »Ach, Brüderchen. Ich weiß, dir fällt es schwer nachzuvollziehen, warum ich diesen ganzen Romantikquatsch albern finde. Das kapierst du einfach nicht, weil du verheiratet bist. Aber keine Sorge, bald bist du sicher wieder allein – ich trenn dich schon noch!«

Psyche fiel der Löffel aus der Hand, und Amor erhob sich von seinem Platz. »Sag mal, was ist das denn für ein mieser Spruch? Was fällt dir ein? Drohst du mir etwa?«

»Wieso, du hast doch angefangen?«

Ich hätte erwartet, dass Anteros das erwidern würde. Aber zur allgemeinen Überraschung war es von Desirée gekommen. Entgeistert sahen wir alle zu ihr. Selbst Anteros war verblüfft. Desirée tupfte sich seelenruhig den Mund mit einer Serviette ab, doch ich sah den Wutsturm in ihren Augen.

Und ich begriff, dass das Thema an Desirées Fassung zerren musste. Was Paps gesagt hatte, war echt nicht sehr einfühlsam von ihm gewesen. Ich wusste, dass Desirée das nicht mehr verletzte. Sie war ziemlich zufrieden mit sich und ihrer Aromantik. Es brachte sie dennoch furchtbar auf die Palme, wenn man annahm, dass ein Single nur noch nicht die richtige Person gefunden hätte und unbedingt jemanden bräuchte, um glücklich zu sein. Denn wer Single war, war aus dieser Sicht schließlich »noch nicht fertig« und »unkomplett«. Diesen Mist musste sie sich leider häufig anhören. Und natürlich sahen wir Liebesgottheiten das nicht so, auch Paps nicht. Bei Anteros brannte ihm nur viel zu oft eine Sicherung durch.

Aphrodite war schockiert – sicherlich, weil Desirée es gewagt hatte, einen Gott zurechtzuweisen.

Aber Amor bekam gleich weichere Gesichtszüge. »Desirée, verzeih, das tut mir sehr leid.«

»Oh, entschuldigen musst du dich wirklich nicht, nicht bei mir.« Sie lächelte. »Aber es hilft, mal zu erkennen, mit welch zweierlei Maß gemessen wird bei der Liebe. Ich meine, du warst verletzt von dem, was dein Bruder gesagt hat, und fandest es frech. Und dabei fiel dir nicht auf, dass das, was du gesagt hast, genauso verletzend war.«

Amor klappte langsam seinen Mund wieder zu – und nickte dann. »Absolut richtig. Dass ich noch etwas von einem Menschenmädchen über die Liebe lernen kann!«

Anteros brach in schallendes Lachen aus und strahlte über das ganze Gesicht, während er Desirée anerkennend zuprostete. »Einem Gott widersprechen? Du gefällst mir, Mädchen, sehr gut! Aromantisch, was? Super. Beneidenswert. Dann werden wir zwei uns ja weniger über den Weg laufen. Was eigentlich schade ist.« Er grinste mir zu. »Tolle Freundin hast du da, Nichte.«

Desirée sah jetzt überrumpelt drein – aber ein kleines stolzes Lächeln breitete sich auf ihrem Gesicht aus. Sie beugte sich zu mir und zischte: »Vielleicht ist dein Onkel doch gar nicht so übel.«

Ich schluckte. Ob mir die Kombi aus den beiden so gut gefiel?

Anteros zog sich nach dem Essen auf die Terrasse zurück, frische Luft schnappen. Desirée musste bereits nach Hause, weil sie noch in der Lasertagarena ihrer Eltern aushelfen sollte.

Während Aphrodite sich also noch ein Stück Torte im Speisesaal gönnte, Paps und Mama zur Geigenmusik romantisch in der Eingangshalle tanzten und Chagrin meine Möwe mit Resten fütterte und ihr den Schnabel kraulte, dass ich ein wenig eifersüchtig wurde, ging ich mit etwas wackeligen Beinen zu meinem Onkel.

Anteros hatte es sich auf einer Liege gemütlich gemacht und blickte in den olympischen Nachthimmel. Er sah aus wie der menschliche Nachthimmel, nur mit viel klareren Sternbildern. Die ab und zu funkelten, als würden sie einem zuzwinkern.

»Na, alles gut, Kleine?«, fragte er, als er mich bemerkte, und deutete auf die Liege neben sich. »Setz dich.«

Das tat ich.

»Was macht die Ausbildung?«

»Äh, ja, top. Läuft alles super«, sagte ich. Was sollte ich denn sonst antworten?

Er nickte. »Liebe also? Tja, passt zu dir. Aber wenn du dich doch jemals für Entliebung umentscheiden solltest, bist du in meinem Team herzlich willkommen – dafür scheinst du auch Talent zu haben.«

Autsch. Schätze, die Info über meine Misserfolgsquote in Sachen Verliebung hatte auch ihn erreicht.

»Wieso willst du keine Beziehung?«, fragte ich schnell, um vom Thema abzulenken. Nicht der eleganteste Einstieg, aber ich wollte es wirklich wissen. »Hilft dir das bei der Arbeit? Oder bist du aromantisch?«

Anteros lachte. »Das beschäftigt dich, was?« Er wurde ernst. »Aber ich schätze, es hat mit der Arbeit zu tun. Weißt du, Liebe kann den Verstand ganz schön vernebeln. Das kann ich mir nicht erlauben. Wenn ich verliebt wäre, dann hätte ich Mitleid mit den Verliebten, die ich entlieben muss. Und das kann ich nicht haben. Da muss ich hart bleiben. Wenn ich nicht entliebe, dann stürzt die Welt ins Chaos. So, wie wenn ihr aufhören würdet, Leute zu verlieben.«

Genau das hatte Aphrodite mir auch erklärt, als Paps vor einigen Wochen gestreikt hatte.

»Entliebung ist wichtig, weißt du? Auch wenn es wehtut und die Leute oft leiden – manchmal ist es doch das Beste für sie. Dann mache ich es lieber kurz und schmerzhaft, als dass sich das Ganze ewig hinzieht und es am Ende nur mehr wehtut.«

So hatte ich das noch nie betrachtet. Aber es ergab Sinn. Es gab Beziehungen, die nicht gut waren. Und da war eine Trennung die beste Option.

»Du meinst, es macht dich zum besseren Gott der Entliebung, wenn du selbst nicht verliebt bist?«

Anteros nickte langsam. »Kann man so sagen.«

»Heißt das dann …«, mir kam ein ganz seltsamer Gedanke, »heißt das, dass ich eine bessere Liebesgöttin sein könnte, wenn ich verliebt wäre?«

Anteros lächelte. »Möglich.«

Es war, als hätte die Welt sich aufgetan. Ich hatte immer gepredigt bekommen, Privates und Geschäftliches vermischte man besser nicht. Das lenkte ab. Doch was, wenn das mit Star etwas Gutes war? So wie bei Mama und Paps? Und hatte Candy nicht auch gesagt, dass sie genau deswegen ihr doofes Flaschendrehen spielten?

Anteros beugte sich vor. »Liegt dir was auf dem Herzen?«
Ja, sogar ganz wortwörtlich. Ein dicker, fetter Pfeil. Mit Stars Namen.

»Ich … ich bin verliebt«, beichtete ich schließlich. »Ich habe einen Pfeil in der Brust. Paps hat ihn versteckt.«

»Ich weiß.«

»Was?«

Anteros lachte. »Keine Sorge, er hat es mir nicht erzählt. Aber Amors Zauber kann mich nicht täuschen. Darf er nicht. Ich muss sehen können, wenn jemand verliebt ist. Daher kann ich durch den Schleier gucken. Aber mach dir keinen Kopf. Ich bin der Einzige, nicht mal Mutter sollte es bemerkt haben. Und ich behalte es für mich, dass du in den kleinen Hermessohn verknallt bist.«

Hydrarotz und Hades noch mal, er hatte es die ganze Zeit gewusst und keinen Ton gesagt?! Hitze schoss mir in die Wangen.

»Ich kann nicht in ihn verliebt sein! Das war ein Unfall. Das muss aufhören.«

Anteros' gute Laune war mit einem Mal wie weggewischt. »Und da dachtest du, ich kann dir helfen?«

Ich nickte, konnte ihm dabei jedoch nicht in die Augen gucken.

Er legte mir mit festem Griff die Hand auf die Schulter. Jetzt sah ich ihn an. Er wirkte ernster, als ich ihn je erlebt hatte.

»Valentina, hör mir zu. Entliebungen sind kein Spaß. Sie brauchen immer gute Gründe. Sie müssen wirklich das Beste für denjenigen sein. Ich werde niemals jemanden von seinen Gefühlen befreien, nur weil sie lästig sind. Das wäre nicht im Sinne der Liebe. So wie du keine Leute verliebst, die nicht füreinander bestimmt sind. Wenn ich dich entliebe, dann ist das schmerzhaft und bleibt es für eine Weile, und vielleicht ist es nie wiedergutzumachen. Also: Gibt es einen wichtigen Grund dafür, warum du nicht in Star verliebt sein solltest? Warum du glaubst, dass diese Liebe schädlich und falsch ist?«

Ich schluckte. Eben gerade hätte ich noch tausend Gründe gehabt. Aber jetzt schienen sie mir alle so nichtig. Weil ich Star arrogant fand? Weil es mir peinlich war, in ihn verliebt zu sein? Nein, alles nicht tiefreichend genug. So ungern ich es mir eingestehen wollte, die Wahrheit war: Es gab brennbares Material. Es gab Dinge, die ich an ihm mochte. Sehr gern mochte. Und hatte ich nicht längst festgestellt, dass wir vieles gemeinsam hatten? Sprach denn wirklich so viel gegen uns?

Ich schluckte. »Ich … ich muss es mir überlegen.«

Anteros lehnte sich zurück. »Gut. Schlaf eine Nacht drüber. Oder zwei. Und wenn du dich immer noch entlieben willst – du findest mich schon.« Er deutete hinein. »Zumindest denke ich, dass deine verfressene Möwe Chagrin immer finden wird.«

Kurz bevor der Rest meiner Familie ging und ich mich damit befassen konnte, ob Star und ich wirklich durch die heilige Macht eines widerhakigen Bogens auseinandergetrieben werden sollten, nahm Aphrodite mich zur Seite.

»Valentina, wir hatten noch nicht die Gelegenheit zu sprechen seit der Zwischenprüfung gestern.« Schluck. Mist. Ich hatte gehofft, sie hätte es vergessen.

»Das war alles sehr richtig und interessant, was du geschildert hattest. Aber du verstehst sicher, dass ich aus Gründen der Fairness Star und dich nicht mehr einfach so weitermachen lassen kann. Also: Bis Ende der Woche ist das Mädchen glücklich verliebt. Oder es ist fürs Erste Schluss mit deiner praktischen Ausbildung.«

Wie ein Donnerschlag ließ sie diese Ansage in der Luft stehen, während sie in gleißendem Licht entschwand. Und plötzlich waren meine privaten Probleme ganz, ganz klein.

Kapitel 19

TAKE A CHANCE ON ME

Hatte ich die Nacht geschlafen? Nein. War ich irgendwie weitergekommen bei der Sache mit Star? Auch nein. Konnte ich mich jetzt damit befassen? Dreimal nein. Denn Star und ich mussten uns ganz dringend Mimi und Yannick widmen. Sonst war meine Zukunft als Liebesgöttin erst mal Geschichte. Und Stars vielleicht auch. Mal abgesehen davon, wollte ich auch Mimis und Yannicks Liebesleid beenden. Die beiden verdienten so viel mehr.

Allerdings war nicht mal eine Woche ein heftiger Zeitplan. Und wir wussten auch gar nicht, ob Yannick seiner Schwärmerei überhaupt nachgehen wollte. Star und ich waren uns nicht mal sicher, wie Mimis Verhältnis zu Yannick war.

Ich hatte deswegen mit Desirées Hilfe eine große Eventualitäten-Mindmap erstellt, die ich Star vor der ersten Unterrichtsstunde erklärte. Wilde Pfeile führten auf meinem Blatt Papier hin und her. »Die beiden kennen sich vom Orchester«, begann ich und deutete auf einen Kreis. »Das kann dreierlei bedeuten. Erstens: Sie sind Freunde. Glaub ich aber eher weniger. Zweitens: Sie würden sich in der Schule nett begrüßen, erinnern sich an die Orchesterzeit, haben aber sonst gar nichts miteinander zu tun. Drittens: Mimi hat vergessen, wer Yannick ist und dass sie mal zusammen im Orchester waren.«

Star sah mich belustigt an. »Weißt du, es gibt Apps, die so eine Visualisierung viel einfacher machen.«

Ich ignorierte seinen blöden Strebereinwand und tippte auf Punkt zwei. »Gehen wir vom zweiten Szenario aus. Sie wissen von der Existenz des jeweils anderen.«

Ich fuhr die Pfeile entlang. »Yannick steht auf Mimi, Mimi hat mit ihm nichts zu tun. Hatten sie eine gute Zeit im Orchester? Können wir sie daran erinnern? Haben sie eine schlechte Erfahrung miteinander gemacht? Ist das dann schon lang genug her? In jedem Fall müssen wir die beiden aus dieser »Flüchtige-Bekannte-Phase« kriegen, hin zu »Beste-Freunde-und-noch-mehr«. Und dafür brauchen wir das hier!« Ich deutete auf den letzten großen Kreis ganz unten.

»Bäng?«, las Star vor.

Ich nickte. »Ein lebensveränderndes Ereignis, das beide zueinanderführt.« Ich ließ die Schultern sinken. »Allerdings weiß ich nicht, was das sein könnte.«

»Hm«, machte Star und holte sein Handy hervor. Er scrollte durch seine Social-Media-Profile, wohl auf der Suche nach einer Idee. »Beide mögen Musik. Beide waren im Orchester. Mimi ist berühmt, Yannick übt in der Pause freiwillig.«

Plötzlich hörte er auf zu scrollen und starrte ein Video auf seinem Handy an. Dann begann er zu grinsen. »Das ist es!« Er hielt mir das Handy hin. Das Video war im örtlichen Einkaufszentrum aufgenommen worden und zeigte ein Klavier, das unten bei den Rolltreppen stand. Jemand spielte darauf vor einer Reihe von Zuschauern etwas von Taylor Swift, das Video hatte einige Tausend Klicks.

»Das ist was?«, fragte ich.

»Die Lösung!«, erklärte Star aufgeregt. »Yannick spielt Klavier. Mimi kann singen. Jetzt stell dir mal vor, er würde sich da ans Klavier setzen und Mimis erste Single spielen. Dann singt sie doch mit.«

Ich starrte Star an. »Sicher? Vielleicht dreht sie ihm auch nur den Hals um.« Welche berühmte Sängerin, die privat zum Shoppen in einem Einkaufszentrum war, würde einfach so ein Privatkonzert geben, nur weil irgendein Typ ihr Lied spielte?

Doch Star schüttelte den Kopf. »Nee, ich denke, Mimi könnte das gefallen. So ein spontanes Konzert. Für Social Media.« Er tippte auf meine Notizen. »Und außerdem ist Yannick niemand ganz Unbekanntes, wenn deine Theorie stimmt. Die haben ja schon mal zusammen Musik gemacht.«

Ich überlegte. Klar, Star war der Experte, was Promis anging, aber ich fand's trotzdem unwahrscheinlich. »Was, wenn es ein anderes Lied ist?«, überlegte ich. »Vielleicht eins aus ihrer Castingzeit, das sie mag.«

Star schnippte mit den Fingern. »Perfekt!«

»Und wie kriegen wir die beiden ins Einkaufszentrum?«

»Überlass das mir.«

»Und was mach ich?«

Star zuckte mit den Schultern. »Du kümmerst dich vor Ort um die erste Liebe, oder so. Wir finden schon was zu tun.«

Ich atmete tief durch. Das klang nicht sonderlich nach Zusammenarbeit. Aber na gut, meinetwegen.

Star war wirklich gut im Organisieren. Innerhalb kürzester Zeit hatte er Yannick das Video mehrfach auf unterschiedlichsten Kanälen zugespielt und unterschwellig seine Freunde dazu gebracht, es Yannick ebenfalls zu schicken.

In der Pause kam Star dann zu mir. »Mimi geht heute Nachmittag mit ihren Freundinnen ins Einkaufszentrum.«

Ich ließ spontan von meinem Pausenbrot ab. »Wie hast du das denn gemacht?«

Er zuckte mit den Schultern. »Da hat ein neuer Bubbletea-Laden aufgemacht, und ich hatte so Coupons.« Er zeigte mir ein Bild von Mimi, wie sie einen Bubbletea trank. Darunter stand »Bubbletea-Love«. »Und da Mimi neulich das hier gepostet hat, hab ich sie gefragt, ob sie die Coupons will, und gesagt, dass wir auch hingehen.« Er stupste mich an. »Wir beiden *besten Freunde*.«

Ich verdrehte die Augen. »Ha-ha.« Natürlich spielte er auf meinen kleinen Verkuppelungsversuch an. Schön, dass er es endlich mit Humor nahm. Aber dass er mich nur eine Freundin nannte, mochte mein Herzpfeil nicht. Dass der sich aber auch immer an den Kleinigkeiten aufhängen musste! Abgesehen davon – was war er denn für ein manipulatives Masterhirn? Ich musste zugeben, dass ich beeindruckt war. Manchmal mussten wir Liebesgottheiten beim Verkuppeln unsere Verliebten wie Marionetten steuern. In bester Absicht, versteht sich. Und Star beherrschte das ganz meisterlich.

»Nur Yannick beißt bisher nicht an«, gab er zu. »Und deshalb brauche ich deine Hilfe.«

Ach, hatte er doch noch was für mich zu tun gefunden. »Steht der nicht auf Bubbletea, oder was?«, fragte ich und behielt meinen Kommentar ausnahmsweise mal für mich.

»Keine Ahnung. Immer wenn ich ihn fragen will, weicht er mir aus und guckt so finster. Ich hab das Gefühl, aus irgendeinem Grund mag er mich nicht besonders.«

Er runzelte die Stirn, als wäre das völlig neu für ihn. Ich prustete los, was Star noch verwirrter aussehen ließ. Und das machte ihn irgendwie noch süßer.

»Warum ist das so lustig?«

Ich schnappte nach Luft. »Wundert dich das wirklich, dass er dich nicht mag?«

Star guckte mich ernst an. »Ja!«

Oh, der Arme. Nicht nur, dass er gar keine Erfahrung damit hatte, wenn ihn jemand blöd fand – er musste auch echt noch viel über Teenager lernen.

»Na ja, er schwärmt für das Mädchen, das auf dich stand. Du bist jetzt so was wie sein Rivale.«

Stars Augen weiteten sich langsam mit Erkenntnis. »Aber ich wollte doch gar nichts von Mimi. Ich hab ihm nichts getan.«

»Das hat damit nichts zu tun. Er ist jetzt einfach nur wütend darüber, dass Mimi dich gut fand und nicht ihn.«

Obwohl ich ihr das wirklich nicht verübeln konnte. Beliebt, groß, nett, gut aussehend – es gab keinen Grund, Star nicht zu mögen. Außer natürlich, ermahnte ich mich, dass er ein arroganter Mistkerl war. Nimm das, Pfeil!

Star seufzte. »Kannst du ihn dann heute ins Einkaufszentrum locken? Auch, wenn ich nicht glaube, dass du recht hast.«

Ich grinste. Oh, dafür hatte ich eine Idee. Ich zupfte ihn am Ärmel. »Finden wir es raus. Komm mit!«

Gemeinsam begaben wir uns zu den Musikräumen, und wie erwartet spielte Yannick dort Klavier. Es war wunderschön.

Ich musste dem Drang widerstehen, einfach nur zu lauschen, denn das brachte uns nicht weiter. Star wollte mich noch zurückhalten, aber nix da.

»Das klingt total gut!«, rief ich, als ich in den Raum hineinplatzte.

Yannick erschrak, hörte sofort auf zu spielen und wurde knallrot. Er sah zu Star, und sein Blick verfinsterte sich. Uiiii, da fand jemand Star aber richtig kacke. Yannick raffte seine Noten zusammen. »Danke. Ich wollte aber eh gerade gehen.«

Abwehrend hob ich die Hände. »Nein, ich wollte dich nicht vertreiben. Echt nicht!« Wahrheit, nicht gelogen.

Ich schnappte mir Stars Handy und hielt Yannick das Video hin. »Hast du dieses krasse Video gesehen, aus dem Einkaufszentrum? Da steht ein Klavier. Hast du da schon mal gespielt? Solltest du!«

Star stieß mir entgeistert in die Rippen. Klar, der Meisterstratege hielt nichts von direkter Konfrontation. Aber von Philemon wusste ich, dass manche Einzelgänger das brauchten. Und Yannick schien mir Philemon recht ähnlich. Wenn ich eines gelernt hatte, dann, dass klare Kommunikation Wunder bewirken konnte.

»Äh, ja, das Video kenn ich. Habe ich heute schon oft gesehen.«

Ein kurzer Augenwinkel-Blickaustausch zwischen Star und mir.

»Aber das ist eher nichts für mich.« Yannick ließ die Finger über das Klavier gleiten. »So gut bin ich nicht.«

»Alter, und ob du das bist. Also, ich würde hingehen, wenn ich so spielen könnte wie du. Du bist voll das Talent, vielleicht wirst du ja entdeckt! Das wäre doch mega«, versuchte es Star.

Jetzt wollte ich ihm in die Rippen stoßen. Das Mit-der Tür-ins-Haus-fallen sollte er den Expertinnen überlassen. Viel zu dick aufgetragen, Schatz. Schatz?! Urgh!

Yannick musterte ihn. »Danke, aber ich brauch keinen Fame. Im Gegensatz zu dir vielleicht.«

Mit einem gezielten Schuss getroffen und verbrannt. Star sah aus wie ein verwundetes Reh. Sosehr es mich auch freute, dass ihm mal jemand die Meinung geigte, wollte ich gleichzeitig gerade nichts mehr, als ihn in die Arme zu nehmen und zu trösten.

Schnell, Zeit für meine Kür! Ich wandte mich an Star. »Vielleicht sollten wir heute mit Mimi dorthin. Wie witzig wäre das, wenn da jemand ein Lied von ihr spielen und sie singen würde?«

Star war niemand, der zu Gewalt neigte, aber jetzt sah er aus, als wollte er mich am liebsten aus dem Fenster werfen. Vielleicht hätte ich ihn vorher in meine Strategie einweihen sollen. Doch bevor Star irgendwas sagen konnte, ruckte Yannicks Kopf hoch. »Du … Ihr geht da heute mit Mimi hin?«

Perfekt wie ein Drehbuch. Ich wusste doch, dass ich diesen Neid auf Star nutzen konnte. Schön weiter Öl ins Feuer gießen. Ich nickte und deutete auf Star. »Ja, Star ist mit ihr befreundet. Wir probieren den Bubbletea-Laden aus.« Halbe Lüge, wusste Yannick aber ja nicht. »Und Star, meintest du nicht, dass Mimi das voll feiern würde, wenn sie zu Klavierbegleitung da singen könnte? Für neuen Content aus der Heimatstadt.« Ich sah Star durchdringend an.

»Äääh, ja, stimmt. Wahrscheinlich.«

Okay, es war Zeit, die Aktion zu beenden, bevor es zu peinlich wurde. Also zerrte ich Star aus dem Musikraum. »Tja, Yannick, leider können Star und ich selber kein Klavier spielen, doch wir waren neugierig, wer so schön spielt. Jetzt wollen wir dich aber auch nicht länger stören, mach weiter. Vielleicht bis nachher, wär cool, wenn du kommst, byyyye!«

Ich schloss die Tür hinter uns. Sofort packte Star mich, und kurz schoss mir durch den Kopf, ob er mich jetzt vor Freude abknutschen wollte, wie die Leute in den Filmen das immer taten.

»Mach das nie wieder!«, zischte er mich stattdessen wutentbrannt an. Oh, come on. War er echt so sensibel?

»Was denn? Jetzt denkt Yannick jedenfalls darüber nach, ins Einkaufszentrum zu kommen, weil er dann die Chance hat, Mimi zu sehen *und* zu beweisen, dass er besser ist als du. Vielleicht spielt er auf dem Klavier, wenn er weiß, dass sie singen möchte. Und du hast doch selbst gesagt, dass ihr das gefallen würde? Oder hattest du eine bessere Idee?«

Stars Gesichtsausdruck zeigte, dass er die nicht hatte. »Das hätte nach hinten losgehen können. Und führ mich das nächste Mal gefälligst nicht so vor!«

»Hey, ich hab nur getan, was ich tun musste, um diese Mission zu retten.« Ich atmete tief ein und schob ihn langsam von mir. »Sieh mal, Yannicks Liebesaura wuselte ständig in Mimis Nähe herum – und dabei hat er sich so im Verborgenen gehalten, dass nicht mal wir ihn gesehen haben! Also, wenn wir wollen, dass sie zusammenkommen – dann müssen wir ihn aus seinem kleinen Schneckenhaus locken und ihn überzeugen, dass er den Notenschlüssel zu Mimis Herz in der Hand hält. Egal, mit welchen Mitteln.«

Star blinzelte. »Mach bitte nie wieder Wortwitze, das ist ja grauenhaft.«

»Findest du? Ich fand ihn ganz amüsant.«

»War er nicht.«

»Na gut.«

Star seufzte und nickte schließlich. »Na schön. Vielleicht klappt es ja. Aber erzähl mir das nächste Mal bitte vorher davon, okay?«

»Okay«, sagte ich und fügte leise ein »Vielleicht« hinzu.

Kapitel 20

OUR SONG

Am Nachmittag fanden Star und ich uns im Einkaufszentrum ein. Ich hatte Desirée gefragt, ob sie mitkommen wollte. Aber sie hatte sehr bestimmt abgelehnt, mit dem Verweis, wie widerlich sie Bubbletea fand. Zur Tarnung hielten Star und ich jeweils einen in der Hand. Er war furchtbar süß – und deshalb leider auch besonders lecker. Ich schwöre, Star und ich wollten echt nicht die gleiche Sorte nehmen, das war der totale Zufall. Aber wenn es nun mal nur eine pinke Geschmacksrichtung gab? Wir waren Liebesgötter, zum Zeus noch mal.

So wie wir rumstanden, war ich mir sehr sicher, dass die Leute uns für ein Pärchen hielten. Meinem Herzpfeil gefiel das außerordentlich. Meinem Kopf gar nicht.

Der Bubbletea-Laden war direkt beim Klavier, und so saßen Mimi und ihre Freundinnen an Tischen ganz an der Nähe und schlürften ihre Getränke. Perfekt eingefädelt, Star, das musste ich ihm lassen. Und perfekt eingefädelt, Valentina, denn eine kleine, schüchterne Gestalt näherte sich dem Klavier. Ich stieß Star an und nickte in Yannicks Richtung.

Stars blaue Augen blitzten vergnügt. »Es hat tatsächlich geklappt.«

»Natürlich hat es das!«, erwiderte ich, nahm einen großen Schluck Bubbletea und befahl meinen Wangen, nicht rot zu werden.

Yannick spähte verlegen zu Mimi, und nur ein paar Sekunden später schwappte seine wundervolle Liebesaura zu uns herüber. Star und ich schwankten kurz. Wie schön, sie endlich richtig zuordnen zu können. Sie war wie die perfekte Melodie für das Mädchen seiner Träume. Dieses Versteckspiel mussten wir wirklich bald beenden.

Yannick atmete sichtlich durch und bewegte sich auf das Klavier zu. Oh meine Götter, er tat es wirklich. Einfach so. Was für ein mutiger Typ! Star und ich guckten zu, als wären wir im Kino und der Bubbletea unser Popcorn.

Doch kurz bevor Yannick das Klavier erreichte, schoben sich zwei Jungs auf den Sitz und fingen an, albern auf den Tasten herumzulärmen. Ich war kurz davor, eine Salve Tapiokaperlen auf sie abzufeuern. Versaut mir gefälligst nicht meinen Plan! Leider taten sie es, unser Wunderkind Yannick wirkte verunsichert, drehte sich um und wollte wieder gehen. Nein! Das durften wir nicht zulassen. Star und ich stellten synchron unsere Bubbleteas auf den Tisch, sprangen auf und eilten zu

Yannick, als hätten wir uns abgesprochen. Oder wären mental irgendwie verbunden.

»Hey, du bist tatsächlich gekommen, wie cool!«, rief ich schon von Weitem, damit er stehen blieb.

»Mega, wolltest du gerade was spielen? Nice, Mimi ist auch da«, half Star mir jetzt. Wenn er wusste, was wir taten, war er ja tatsächlich ganz gut in seiner Darbietung.

Yannick schaute kurz rüber zu Mimi und dann schnell wieder weg. »Ja, aber da spielen gerade andere. Ich will nicht stören. Und Mimi ist doch mit euch hier.« Dabei huschte sein Blick kurz zu Star. Ey, jetzt gib nicht klein bei, nur weil Star dich einschüchtert! Der will Mimi eh nicht. Und auch sonst niemanden. Seufz.

»Willst du sie vorher fragen?«, schlug ich schnell vor. Klar, das war dann keine hochromantische Geste mehr, und sie konnte auch ablehnen. Aber dann kamen die beiden zumindest mal ins Gespräch. Und Kommunikation war, wie gesagt, wichtig.

Yannick schüttelte panisch den Kopf. »Nee, auf keinen Fall.« Als er das sagte, stieg wieder diese Liebesaura um ihn auf. Sie kribbelte bis in meine Zehenspitzen, so schön war sie. Ich wollte darin baden, und das machte das Konzentrieren nicht gerade leicht.

»Na, dann spiel eben nur für dich. Und sie entscheidet, ob sie mitmacht oder nicht.«

»Aber das ist doch doppelt peinlich, wenn ich ihr Lied spiele und sie nicht mitmacht. Dann bin ich doch voll der Depp. Und habt ihr nicht gesagt, sie wäre ganz sicher dabei?«

Mist, verplappert.

»Ist sie auch!«, sagte Star schnell. »Gibt es irgendein Lied, das du spielen kannst, das nicht unbedingt ihres ist, das aber trotzdem mit ihr zu tun hat? Das sie an was erinnert? Vielleicht aus ihrem Casting?« Na, schau mal an. Benutzte er doch glatt meine Idee.

Schnell fügte ich hinzu: »Oder eins, was ihr mal zusammen im Orchester gespielt habt. Das kennt ihr auf jeden Fall beide!«

Yannick runzelte die Stirn und sah uns skeptisch an. »Warum macht ihr das eigentlich? Wollt ihr mich irgendwie reinlegen?«

Gorgonenschleim! War klar, dass das Yannick komisch vorkommen würde. Er kannte uns ja gar nicht. Zwei quasi Fremde, die ihn anstachelten, vor Publikum für ein Mädchen zu spielen, von dem sie behaupteten, es wäre mit ihnen befreundet. Und auf einen von beiden stand Mimi auch noch. Deshalb fand ich, dass Star das jetzt regeln musste. Auch wenn er mich vielleicht wirklich abmurksen würde, weil ich ihn schon wieder nicht einweihte, nickte ich ihm zu. »Sag's ihm.«

»Was?«

Boah, er war aber auch echt unspontan. Also musste ich ihm Hinweise geben.

»Es soll eine Überraschung für Mimi sein, ein Geschenk. Sie würde das bestimmt lieben, aber Star ist leider etwas unmusikalisch ...«

Star sah mich verwirrt an, aber Yannick verstand mich. »Willst du sie etwa beeindrucken, Star?«

Und da fiel der Groschen. »Ja«, sagte Star langsam. »Also, nein. Eher … mich bei ihr entschuldigen. Weil ich ihr einen Korb gegeben hab.«

Mir entging sein Seitenblick nicht. Japp, definitiv tödlich. Aber das machte nichts. Er war süß, wenn er ein kleines bisschen in der Tinte saß.

Yannick überlegte. »Ein Lied aus unserer Orchesterzeit, was?« Dann schob er sich die Ärmel hoch. »Nun, ich an deiner Stelle würde mir vielleicht was Eigenes überlegen. Das hier mach ich jetzt nur für Mimi. Und für mich.«

Schnurstracks marschierte er auf das Klavier zu, wo die Jungs noch immer rumalberten, und bat sie freundlichst, wegzugehen, damit er spielen konnte. Hut ab. Wenn er wirklich wollte, hielt ihn wohl nichts auf. Still und heimlich verliebt hieß eben nicht gleich ängstlich.

»Nichts motiviert einen Schwärmenden mehr als ein Konkurrent«, murmelte ich zufrieden.

»Wenn doch irgendetwas schiefgeht und Yannick dann alles auf mich schiebt, verbrenn ich sämtliche Filme, Bücher und Notizen über Liebe in deinem Besitz«, zischte Star mir zu. Schluck. Oh Götter, das hier musste auf jeden Fall funktionieren.

Die Jungs verpieselten sich ziemlich schnell ohne Widerworte vom Klavier. Yannick setzte sich an das Instrument und nahm die gerade Haltung eines Pianisten ein. Dann begann er zu spielen – und nach ein paar Noten fiel es mir wie Schuppen von den Augen. Es war das Lied aus dem Musikraum – *Love is in the air* in einer Balladenversion. Er hatte dabei so viel Liebesaura verströmt, natürlich hatte es etwas mit Mimi zu tun!

Tatsächlich sah sie von ihrem Bubbletea auf und direkt zu Yannick herüber. Ihre Blicke trafen sich kurz – und sie lachte. Kein gemeines Lachen, sondern ein verstehendes, erfreutes. Als wollte sie sagen: Das tust du nicht gerade! Wie alte Freunde das machen. Yannick grinste zurück. War das hier etwa so was wie ein Insiderwitz, den wir nicht verstanden?

Mimi stand auf und spazierte zu Yannick hinüber. Und dann begann sie zu singen – die ersten Zeilen des Liedes, langsam, aber mit viel Gefühl. Yannick begleitete sie.

Auf einmal ließ er seine Hände schnell über das Klavier gleiten, und die Melodie wurde rasanter und schmissiger. Mimi ging mit. Sie sang das Lied auswendig, aus voller Kehle. Ein Publikum versammelte sich um die beiden herum, und plötzlich klatschten alle mit. Einige filmten. Und trotzdem waren Yannick und Mimi ganz für sich, allein, in ihrem Film. An einer Stelle lachten beide laut. Okay, was war hier los?

Ich schlich mich langsam zu Mimis Freundinnen. »Was ist das für ein Lied? Was passiert da zwischen den beiden?«, fragte ich.

Das Mädchen sah zweifelnd zu mir und dann zu Star. Ihn kannte sie offenbar aus der Schule. Weswegen sie wohl auch mich akzeptierte.

»Oh, hi, Star! Das ist das Lied, wegen dem sie Mimi aus dem Schulorchester geschmissen haben«, erklärte sie. »Weil sie zu laut und inbrünstig gesungen hat. Wir haben damals einen riesigen Witz daraus gemacht, und sie hat das dann immer wieder übertrieben performt. Es ist unter allen Mitgliedern des Orchesters ein Running Gag geworden.«

Ooohh, das erklärte alles. Was für ein genialer Fuchs dieser Yannick doch war.

Die beiden musizierten wie ein eingespieltes Team, als würden sie das ständig machen. Und echt mal, das sollten sie auch. Es war atemberaubend! Die coole Mimi mit ihrer schwarzen Lederjacke, dem dunklen Lidstrich und dem Afro. Yannick mit dem blonden Zopf, dem gestreiften Hemd und der Haltung wie ein junger Mozart. Ich konnte nicht umhin, mitzuwippen.

Da spürte ich einen leichten Druck an meinem Arm, und sofort stieg mir Stars umwerfender Duft in die Nase. Er hatte sich an meiner Schulter abgestützt und flüsterte: »Auch wenn ich es nicht gedacht hätte – das haben wir doch ziemlich toll hinbekommen.«

Ich nickte. »Vielleicht hatte Aphrodite recht, und wir arbeiten wirklich gut zusammen.«

Wir lächelten uns an – und er zwinkerte mir sogar zu, was beinahe zu einem Kollaps meines Herzpfeillaufsystems führte. Aber was ich sagte, meinte ich ernst, und es machte mich glücklich.

Als das Lied zu Ende war, applaudierte das Publikum und johlte. Einige riefen Mimis Namen. Mimi verbeugte sich und zeigte dann auf Yannick, der auch eine Verbeugung andeutete. Sie ging zu ihm und umarmte ihn. Und Yannick umarmte zurück. In seinem Gesicht die pure Freude – nicht wie ein Junge, der nicht fassen konnte, dass sein Schwarm ihn beachtete. Sondern einfach wie ein Musiker, der richtig glücklich war, dass ein Auftritt geglückt war. Und dass er mit einer Sängerin ein gutes Team gebildet hatte.

Ich sah zu Star. Er und ich waren auch ein gutes Team. Und auch unsere Zusammenarbeit war wie Musik gewesen. Ich dachte an Anteros' Worte. Vielleicht wäre es gar nicht so schlimm, verliebt zu bleiben. Und vielleicht war Star der Richtige? Ja, dachte ich zum ersten Mal, vielleicht sollte ich doch in Star verliebt sein. Und das auch gut finden.

Kapitel 21

SOMEBODY THAT I USED TO KNOW

Nach dem Auftritt lud Mimi Yannick ein, sich zu ihr und ihren Freundinnen zu setzen. Fürs Erste war die Arbeit von Star und mir erledigt. Bald würde es an die Liebespfeile gehen.

Wir schlenderten ganz beschwingt von unserem Erfolg aus dem Einkaufszentrum, und Star fing plötzlich an, *Love is in the air* zu pfeifen. Da ich nicht pfeifen konnte, summte ich einfach mit. Er lachte und begann zu singen, schief und krumm. Und ich machte mit. Wir überboten uns gegenseitig im Schlechtsingen, sangen immer furchtbarer. Irgendwann – als keiner guckte – flog Star auf einen hohen Stromkasten, um dort eine Performance zu geben, und ich wirbelte wie eine Musicaldarstellerin um eine Laterne. Wir mussten aufhören, weil wir vor Lachen nichts mehr rausbekamen, und fielen uns dann einfach in die Arme. Es war schön und ungewohnt – und das Beste war, dass ich das hier, diese ganze alberne Sache, unglaublich genoss. Und als ich ihn ansah, in diese strahlend blauen Augen blickte, hatte ich das Gefühl, er auch.

Dass dieses Hoch trügerisch war und ein böses Erwachen auf mich wartete, hätte mir da schon klar sein können. Nichts konnte so einfach gehen – vor allem nicht, wenn Star involviert war.

Am Abend sortierte ich zu Hause meine Liebespfeile und summte leise *Love is in the air*.

Bussi beäugte mich von der Seite. »Du bist verliiiiiiebt!«, stellte er fest.

Ich lachte. »Vielleicht.« Ich erhob einen Liebespfeil wie einen Zeigestock. »Und ich war heute eine richtig gute Liebesgöttin.«

Da brummte mein Handy, und ich stellte verwundert fest, dass es eine Nachricht von Star war. Es brummte wieder. Noch eine Nachricht. Und noch eine. Was war denn los mit ihm? So viel hatte er mir noch nie geschrieben. Ich lächelte. Anscheinend waren wir jetzt wirklich Freunde.

Ich öffnete seine Nachrichten – und war verwirrt. Er hatte mir jede Menge Links zu verschiedenen Posts und Storys geschickt. Was war das denn?

Ich klickte das erste Video an – und mein Herz gefror. Eine verwackelte Aufnahme von Mimis und Yannicks Auftritt. »Ist das Mimis Boyfriend?«, fragte die Caption. Tausend Kommentare darunter, die mir den Magen umdrehten. Fans, die sich über die beiden lustig machten – besonders über Yannick. Die wütend waren, dass Mimi das geheim gehalten hatte. Jungs, die sich Hoffnungen bei Mimi gemacht hatten und meinten, dass er sie nicht verdiente. Leute, die Mimi nun hassten.

Ich klickte mich weiter durch. Da waren Screenshots aus privaten Gruppen, wo sich Leute von unserer Schule das Maul über diese »geheime Beziehung« zerrissen. Einige rätselten, ob es ein Marketingstunt war. Ob das Lied Mimis neue Single würde. Es wurden Bilder aus der Schulorchesterzeit ausgegraben, peinliche Sachen aus Yannicks Grundschulzeit erzählt. Und es gab einige schlechte Fotomontagen der beiden, die auf Fanaccounts gepostet wurden.

»Wir haben Mist gebaut«, schrieb Star.

Das hatten wir. Mir wurde ganz flau im Magen. Der arme Yannick! Und die arme Mimi!

Am nächsten Tag in der Schule gab es kein anderes Thema. Obwohl alle leise sprachen, wusste man, dass es immer nur darum ging. Man hörte Geflüster in kleinen Gruppen, und alle hatten ständig die Handys in der Hand. Und wo immer Mimi hinging, wurde sie von den Leuten gemustert.

Von Yannick fehlte jede Spur. Alle fragten sich, wo er abgeblieben war und warum er sich versteckte.

Star meinte, dass ihn das Ganze furchtbar treffen musste. Er war *das* Gesprächsthema der Schule und bekam Aufmerksamkeit, wie er sie nie zuvor erfahren hatte. Plötzlich war er jemand. Nur weil er ein Lied gespielt hatte, das Mimi mochte. Weil wir ihn dazu gedrängt hatten. Und nun glaubten alle, er wäre mit Mimi zusammen. Das Mädchen, für das er wirklich schwärmte. Allerdings noch im Geheimen.

Es würde mich nicht wundern, wenn er gar nicht mehr in die Schule käme.

»Was machen wir jetzt?«, zischte ich Star nach Schulschluss zu, als Mimi mit erhobenem Haupt an den tuschelnden Gruppen vorbeilief. Zum Glück war heute nur ein kurzer Schultag, und sie musste das Ganze nicht lange ertragen.

Star schüttelte den Kopf. »Keine Ahnung. Ich hätte nicht gedacht, dass das an dieser Schule so explodiert. Bei erwachsenen Promis, ja. Aber ich dachte, hier wäre es harmloser.«

Da standen wir. Zwei vollkommen ratlose Liebesgötter in Ausbildung, die es schon wieder vergeigt hatten.

Plötzlich passierte das, worauf alle gewartet hatten. Eine Tür zum Hof öffnete sich, und Yannick trat heraus. Wie immer mit Noten im Arm. Und er landete direkt vor Mimi.

Die beiden starrten einander entgeistert an. Da zückten die Umstehenden auch schon die Handys, machten Fotos und Videos. Als das passierte, rannte Yannick wie von der Hornisse gepiekt davon, in Richtung Musikräume. Mimi brauchte ein paar Sekunden, um sich von dem Schock zu erholen – dann folgte sie ihm. Das sorgte natürlich dafür, dass das Getuschel noch lauter wurde, und gekichert wurde auch.

»Hinterher!«, zischte ich und kramte im Lauf meine Toga aus dem Rucksack, genau wie Star.

Unsichtbar folgten wir Mimi durch die Gänge zu den Musikräumen. Gerade so schlüpften wir mit durch die Tür, als sie hineintrat, immer darauf bedacht, leise zu bleiben.

Yannick saß am Klavier und klimperte vor sich hin. Doch er war nicht so konzentriert und leidenschaftlich wie sonst. Sein Spiel klang panisch, aufgeregt, als wollte er davonlaufen und alles ausblenden. Er versuchte, sich zu beruhigen. Sein Blick war starr auf die Tasten gerichtet, als Mimi auf ihn zustürmte.

»Was hast du dir dabei gedacht?«, fauchte sie.

Mit einer schrecklich unharmonischen Tonfolge brach Yannick seine Melodie ab. »Was? Wobei?«

»Du weißt, wobei! Dieses Lied im Einkaufszentrum. Jetzt reden alle über uns und sagen, wir wären ein Paar! Wolltest du das?«

Yannick zuckte zusammen, und seine Liebesaura zitterte kurz. Seine Gefühle wollten das, aber sein Verstand ...

»Nein, natürlich nicht. Ich dachte nur, dass es dir gefallen würde. Und es hat Spaß gemacht. Ist doch egal, was die sagen, wir wissen ja, dass es anders ist.«

»Egal?«, schrie Mimi. »Es ist ganz bestimmt nicht egal. Krieg du mal Tausende Hassnachrichten. Und mein Management ist sauer. Ich hätte bei so was eigentlich nie mitgemacht. Nur weil du dieses blöde Lied gespielt hast ...«

Yannick runzelte die Stirn. »Moment, aber ich dachte, du wolltest das.« Seine Augen huschten hin und her, er presste die Lippen zusammen und murmelte: »Dieser verdammte Star.«

Oh, Zerberuskacke. Star drehte ganz langsam den Kopf zu mir und funkelte mich böse an. Ich konnte nicht hinsehen, ich spürte aber, wie sein Todesblick ein Loch in meinen Kopf – und mein Herz – brannte. So wie bald auch meine gesamte Liebessammlung brennen würde. Das war nach hinten losgegangen.

Mimi verschränkte die Arme. »Was hat Star damit zu tun?« Sie klang jetzt interessiert. Aaahh, wenn sie jetzt auch noch dachte, dass Star das extra gemacht hätte, um ihr noch mal wehzutun ... Das war alles meine Schuld! Meine kleine, unbedachte Idee, Star mit Mimi zu verkuppeln, führte zu einer riesigen Katastrophe. Star würde mich niemals wieder eines Blickes würdigen. Und ich hatte es verdient. Mein Herz verkrampfte sich und schnürte mir die Luft ab.

Yannick aber schüttelte den Kopf. »Nicht so wichtig.«

Puh. Jetzt hätte ich ihn abknutschen können.

Er atmete tief durch und lächelte Mimi sogar vorsichtig an.

»Aber hey, sehen wir es doch mal positiv. Das war echt lustig und pusht doch auch deine Bekanntheit weiter in die Höhe. Oh, und warte!« Er zog sein Handy hervor und hielt ihr eine Nachricht hin. »Mir hat dieser ultrakrasse Konzertpianist geschrieben und gefragt, ob ich für die Musikhochschule vorspielen will. Das ist eine mega Chance, die hätte ich sonst nie bekommen!«

Er strahlte – doch Mimis Miene wurde finster. Das war das Allerschlimmste, was er hätte sagen können.

»Darum ging es dir also«, zischte sie, ihre Stimme kalt wie Eis. »Du hast mich einfach nur benutzt, um ein bisschen Fame abzugreifen.«

Yannick starrte sie verständnislos an. »Was? Nein, das ist nur ein Zufall.«

Mimi lachte. »Oh, ja klar. Zufall!« Sie schüttelte den Kopf. »Du hast mich ausgenutzt, was auch sonst. Du bist genauso verlogen wie alle anderen. Nein, du bist sogar schlimmer!«

Yannick sprang auf, ganz rot vor Wut. »Das ist überhaupt nicht wahr! Warum sollte ich das tun?«

»Warum nicht?« Mimi schrie jetzt. »Wir haben nichts miteinander zu tun, seit Jahren. Aber plötzlich kommst du mit so einer Sache um die Ecke und sagst, du hättest das nur gemacht, weil es ›mir gefallen könnte‹. Ja, du mich auch, so ein Blödsinn!«

»Sag mal, spinnst du, mir so was zu unterstellen?« Yannick wurde viel zu laut, als würde alle Wut und Energie auf einmal aus ihm rausbrechen. Ich presste mir die Hände auf die Ohren. »Du kennst mich doch gar nicht. Nicht jeder will dir was Böses. Glaubst du, ich finde das toll, was sie über mich sagen?«

Mimi zog die Augenbrauen hoch. »Tja, da musst du jetzt durch, ist halt die andere Seite vom Fame, den du so sehr wolltest.« Sie warf die Hände in die Luft. »Und du hast recht, ich kenne dich nicht – und das soll auch so bleiben. Halt dich fern von mir!«

Sie ging raus und schmiss die Tür hinter sich zu.

»Ja, hau doch ab!«, schrie er ihr nach. Seine Liebesaura explodierte wild und verletzt in der Luft. Er setzte sich wieder ans Klavier und vergrub die Hände im Gesicht.

Wir hatten es richtig versaut. *Ich* hatte es richtig versaut.

Erst nachdem Yannick gegangen war, huschten auch Star und ich aus dem Raum und nahmen unsere Togen ab.

»Tut mir leid«, flüsterte ich. Noch immer konnte ich Star nicht ansehen. Wenn ich versuchte, den Kopf zu heben, zog mein Herz ihn schmerzhaft wieder nach unten. »Ich hätte dich da nicht so reinziehen sollen.«

»Es war ja eine gute Idee«, murmelte Star. Mein Herz machte einen Satz, und endlich konnte ich aufschauen, in seine blauen Augen, die jetzt so blass erschienen. Sein Mund war verkniffen. Aber er war nicht sauer auf mich. Er verstand es. Wenigstens das. Wenigstens waren wir noch ein Team.

Ich seufzte. »Wie sollen wir das wieder hinkriegen?«

»Gar nicht.«

Diese Antwort überraschte mich. »Wie, gar nicht?«

Star stopfte seine Toga in den Rucksack. »Es ist vorbei. Von so was erholt sich eine Beziehung nicht. Nicht, wenn sie nicht mal begonnen hat. Darauf kann man keine erste Liebe aufbauen.«

Ich blinzelte. Er wollte einfach aufgeben? »Natürlich geht das. Wir können das für uns nutzen. Ja, das ist blöd gelaufen, aber er mag sie doch. Er meint es ernst mit ihr. Und sie hatten einen Moment. Da ist mehr.«

Star schmiss seinen Rucksack zu Boden. »Nein, Valentina. Glaub mir, das wird nichts. Vielleicht, wenn es nicht die erste Beziehung wäre. Aber du sagst es doch selbst immer – die erste Liebe vergisst man nicht. Soll es das hier sein, was sie nie vergessen werden? Die erste Liebe muss perfekt sein, sonst kann man es gleich lassen.«

Ich schnappte nach Luft. »So ein Quatsch. Liebe muss nicht perfekt sein, sondern echt! Gerade die erste. Sonst würde sich kein Mensch danach je wieder verlieben.«

Star schnaubte. »Du hast doch keine Ahnung.«

Wie bitte? Das würde ich mir ganz sicher nicht bieten lassen, nicht in meinem Spezialgebiet.

»Ach, hab ich nicht? Und du etwa schon? Du bist doch der mit den Promis. Hättest du nicht vorhersehen können, dass das passiert, mit den Leuten an der Schule? Und Mimi so reagiert? Es ist unfair, dass sie ihn so fertigmacht.«

»Was soll sie denn machen? Sie muss sich selbst schützen, woher soll sie denn wissen, wem sie vertrauen kann?« Er schüttelte den Kopf, nahm seinen Rucksack wieder in die Hand und wandte sich zum Gehen. »Du bist echt eine Anfängerin und hast keine Ahnung vom Verlieben.«

Jetzt reichte es mir wirklich. Keine Ahnung vom Verlieben? Was bildete er sich eigentlich ein?

»Warum tust du immer so, als wäre ich die schlimmste Liebesgöttin, die die Welt je gesehen hat?«, rief ich.

Star drehte sich zu mir um und kam zurück. »Vielleicht weil du das bist und man dir nur einen Bogen gegeben hat, weil dein Vater Amor ist?«

Ich sog scharf die Luft ein, mir wurde schwarz vor Augen. Das durfte doch nicht ... Wie konnte er nur? Es stach wie ein brutaler Blitz – und durch die Liebe zu ihm wurde es noch stärker. Ich war so wütend, so unfassbar wütend, dass mir die Tränen kamen. Vielleicht auch, weil eine kleine Stimme ganz unten in meinem Bauch schrie, dass er recht hatte. Aber das hatte er nicht. Oder?

»Und du stinkst deshalb so ab, weil dir Menschen und ihre Gefühle egal sind! Du kannst ja auch gar nichts über die Liebe wissen. Liegt dir nicht im Blut! Du hättest halt doch lieber Botengott werden sollen!«

Star starrte mich an, als hätte ich das Furchtbarste gesagt, was ich hätte sagen können. Und das hatte ich wohl auch. Das war mir klar.

Er schüttelte verächtlich den Kopf und drehte sich um. »Mir reicht's! Ich hau ab von dieser Schule. Und mit dir arbeite ich nie wieder zusammen, da arbeite ich lieber gar nicht mehr.«

»Geh doch!«, schrie ich hinterher. »Dich wollte hier eh keiner.« Dabei wurde mir bewusst, dass ich klang wie Yannick und wahrscheinlich auch genauso verletzt war.

Die Tränen strömten mir übers Gesicht. Wie hatte ich nur denken können, dass Star sich ändern würde? Dass das mit uns klappen könnte? Nein. Niemals. Dass er mir so wehtat – diese Schmerzen war er wirklich nicht wert.

Ich machte auf dem Absatz kehrt und verließ das Schulgelände. Es war Zeit, Anteros einen Besuch abzustatten.

Kapitel 22

BAD ROMANCE

Anteros schien nicht überrascht, als ich ihn in seinem Anwesen aufsuchte. »Hatte mich schon gefragt, wann du kommen würdest.«

Netterweise kommentierte er meine verheulte Visage nicht, sondern bat mich einfach herein.

Wenn unser Haus das Hauptquartier der Liebe war, war Anteros' so was wie das Hauptquartier des Superschurken, der uns zerstören wollte. An den Wänden hingen gerahmte Poster von berühmten Trennungsszenen aus Filmen oder von Liebesszenen, die zerrissen und mit Pfeilen übersät waren. Unter seiner Decke hingen Celli und spielten traurige Lieder in einer Molltonart. Und alles war irgendwie duster.

Anteros' Arbeitszimmer glich einer Kommandozentrale, ähnlich der meines Großvaters Ares. Waffenschränke und Safes. Doppelt gesicherte Rollläden aus Stahl. Und in Schaukästen an den Wänden waren jede Menge Gegenstände verstaut, die mit einer Trennung assoziiert werden konnten. Ein Wutkissen. Ein zerstochener Autoreifen. Eine Packung Eier, die man gegen Fenster werfen konnte. Oder auch eine Flasche Champagner mit einer Postkarte aus Bali. Wie Menschen halt mit Trennungen umgingen.

»Also«, begann Anteros und ließ sich auf seinem Sessel nieder. »Wie steht es um die Sache mit Star?«

Ich setzte mich ebenfalls. Der Stuhl schien kleine Stacheln zu haben, die mir in Beine, Hände, überallhin piksten. Na gut. Liebe war eben auch Schmerz, nicht wahr?

»Es geht nicht. Ich kann nicht mehr. Er hat gesagt, dass ich …« Sofort schossen mir wieder Tränen in die Augen, als Star mich in meinen Erinnerungen anblaffte, ich sei keine Liebesgöttin.

Anteros' Miene bewegte sich nur ein klein wenig, aber ich wusste, dass ich aufpassen musste. Gefühle würden ihn nicht überzeugen. Er wollte Gründe.

»Star ist der Meinung, dass ich nichts von Liebe verstehe. Und keine Liebesgöttin sein sollte.« Jedes Wort ein Hammerschlag in meiner Brust. Doch ich musste diesen Schmerz wegschieben, um sachlich zu bleiben. Ich stellte mir vor, dass es gar nicht um mich ging. Ich setzte uns in einen romantischen Film, in dem eine hypothetische Valentina von einem hypothetischen Star verletzt worden war. Ein Trick, aber es war viel einfacher, ihre Geschichte zu erzählen als meine.

»Er respektiert mich und mein Handeln nicht. Er denkt, nur seine Arbeitsweise sei die richtige. Er versteht nichts von meinem Gebiet, der ersten Liebe, und will es auch nicht verstehen. Er will nur recht haben. Von Anfang an hat er mich sabotiert, um seinen Willen durchzusetzen. Er hat mich vorgeführt, mich wie eine Idiotin behandelt und hält sich selbst für etwas Besseres.«

Während ich all das sagte, fragte ich mich, ob ich übertrieb. Ob ich zu emotional wurde und ob ich an manchem nicht ganz unschuldig war. Halt solche Gedanken, die Mädchen oft bekamen, wenn ein Junge gemein zu ihnen war. Ich ignorierte sie. Star und ich waren nie miteinander klargekommen. Sprangen uns seit Kindertagen an die Gurgel. Er hatte mich in der Nachwuchsliebesgötter-Chatgruppe immer genüsslich niedergemacht und zugesehen, dass ich schlecht dastand. Als er mir von Aphrodite zugeteilt wurde, hatte er mich nicht als ebenbürtig angesehen und immer nur Wege gesucht, um sich selbst in den Fokus zu rücken und gut wegzukommen. Anstatt an einem Strang zu ziehen. Und nun das, was er über die erste Liebe dachte. *Wenn sie nicht perfekt ist, ist sie nichts wert.* Als wäre ich nichts wert, weil ich nicht so perfekt war wie er. Immer mehr wurde mir klar, dass all seine Versuche einer Zusammenarbeit und dass er auf mich gehört hatte nur Tricks gewesen waren. Vielleicht, um mich auszunutzen. Bestimmt hätte er sich mit meinem Erfolg geschmückt, wenn es geklappt hätte. Und jetzt, da es das nicht hatte, konnte er mir die Schuld geben.

»Ich denke, weil ich verliebt in ihn bin, habe ich mein Ziel aus den Augen verloren. Habe vergessen, wer ich bin und was ich kann, und habe mich kleingemacht. Ich habe nicht bemerkt, was er mit mir macht. Und ich habe Angst, dass es nur schlimmer wird.«

Anteros hatte die Arme verschränkt und hörte mir aufmerksam zu. »Das klingt nicht gut«, entgegnete er. »Gar nicht. Und es ist wichtig, dass du erkennst, was da passiert. Aber ich bin auch überrascht.«

»Überrascht?«

Anteros nickte. »So hätte ich Star nicht eingeschätzt. Dass er so was tut.«

Ich stützte mich auf den Lehnen des Stuhls ab, was ich sofort wegen der Stacheln bereute, die sich in meine Hände bohrten. »Ach, und weil du ihm das nicht zutraust, glaubst du mir nicht?«

Anteros hob beschwichtigend die Hände. »Nein, nein, nein. Ich glaube dir natürlich, du bist tief verletzt. Egal, ob er es absichtlich getan hat oder nicht. Aber es wäre wohl angebracht, mal ein Gespräch mit ihm zu führen.«

Er rollte zu einem Safe.

»Und ich denke, dass du richtigliegst. Es schadet dir, in ihn verliebt zu sein, und von allein wird das wohl auch nicht verschwinden. Nicht bei Göttern. Ich werde dir helfen. Wir sind schließlich Familie.«

Ich hatte erwartet, dass eine Last von mir abfallen würde. Endlich hatte ich, was ich wollte. Ich würde nicht mehr in Star verliebt sein. Es würde vorbei sein. Aber warum fühlte es sich so furchtbar an? Als würde ich eine ganz, ganz falsche Entscheidung treffen. Noch vor einer Woche hätte ich Anteros sicher jauchzend vor Freude umarmt (wahrscheinlich nicht, das hätte ich bei ihm nicht überlebt), aber jetzt … war ich irgendwie nur noch traurig. Oh Liebespfeil, du Schuft. Das war ja wohl ein richtig mieser Trick! Mit voller Wucht hieb ich meine Hände in die Spitzen auf dem Stuhl, was zum Glück genau den Effekt hatte, den ich wollte. Der Schmerz betäubte die Traurigkeit und ließ mich wieder klar denken.

»Super. Und wie machst du das?«, fragte ich Anteros.

Er holte drei Mappen aus seinem Safe und klatschte sie vor mir auf den Tisch. »Wähle einen von diesen Plänen aus.«

Oha, da war jemand vorbereitet. Neugierig öffnete ich die erste Mappe. Sie enthielt ein ziemlich düsteres, brutales Schaubild. Es zeigte grausame Entliebungspfeile, Donner, gebrochene Herzen, zwei Liebende, die weinten und sich dann freuten. Aber auf eine solch brutale und grafische Weise gezeichnet, dass ich mich angewidert wegdrehte. Ich öffnete die nächste Mappe. Das gleiche Bild in Grün – also buchstäblich, das Einzige, was sich unterschied, war die Farbe. In der dritten Mappe sah das entliebte Pärchen zumindest ein bisschen anders aus. Ich klappte die Mappen zu. »Das ist ja alles gleich!«

»Natürlich«, sagte Anteros und nahm seine Armbrust von der Wand. »Entliebung ist immer ähnlich. Volles Rohr in die Fresse, nur so geht's.«

Ich starrte ihn an. »Und warum hast du mir dann die Mappen gegeben?«

Er grinste und zuckte mit den Schultern. »Dachte, das würde dir gefallen. Weil du doch Pläne so liebst.«

Wie diebisch er sich darüber freute. Wie Bussi, wenn er mir einen Streich spielte.

Ich verdrehte die Augen. »Haha.« Na ja, recht hatte er leider.

Anteros nahm auch seinen Köcher von der Wand. »Spaß beiseite. Ich treffe letzte Vorkehrungen. Noch heute wirst du dich entlieben. Sei bereit.«

Heute noch. Jetzt gab es also einen festen Zeitpunkt. Lieber hätte ich den gar nicht gewusst. Wie konnte man für das, was da kommen sollte, bereit sein?

Ich warf einen letzten Blick auf die erste Mappe. Die beiden Entliebten mit ihren gebrochenen Pfeilen im Herzen, die so unglücklich aussahen. Wollte ich das wirklich sein? Die Trauer von vorhin schlich sich wieder in mein Herz.

»Und was, wenn ich mich wieder umentscheide?«, fragte ich. »Also, nur theoretisch. Was wäre dann?«

Anteros hielt inne. »Was du willst, ist ehrlich gesagt egal, Valentina.«

Das überraschte mich. »Was soll das heißen?«

Anteros legte seine Armbrust auf den Tisch und polierte sie in aller Ruhe. »Ich mache das nicht, weil du es dir wünschst. Ich entliebe Leute, weil es das Richtige ist und sonst großen Schaden anrichten würde. Und so, wie du über Star geredet hast, ist es keine gute Liebe und muss beendet werden. Selbst wenn du deine Meinung änderst. Darauf werde ich keine Rücksicht nehmen können. Denn Verliebte und ihre Gefühle sind unberechenbar.« Er hängte sich die Armbrust um. »Das ist nicht mehr deine Entscheidung. Du wirst entliebt werden, ob du willst oder nicht.«

Kapitel 23

WHAT WAS I MADE FOR?

Als ich nach Hause ging, passierte etwas ziemlich Seltsames. Es regnete. Im Olymp. Es regnet *nie* im Olymp. Die Erklärung zeigte sich wenige Sekunden später, als zwei Nachwuchsgöttinnen – Pleurida, Göttin des Regens, und Elektra, Göttin der Wolken, vorbeiliefen. »Zeus wird so wütend sein!«, rief Elektra.

»Wie sollen wir das wieder hinkriegen?«, heulte Pleurida.

Offenbar hatten auch andere Nachwuchsgötter Probleme. Wenigstens passte es zu meiner aktuellen Stimmung.

Zu Hause warf ich mich auf mein Bett und starrte nach oben. Die Säulen meines Himmelbettes waren mit Tausenden kleinen Bildchen von berühmten Liebespaaren beklebt. Wie sie sich anlächelten, so selig und glücklich. Insgeheim hatte ich wohl gehofft, auch mal eine solche Liebe zu erfahren. Vielleicht mit Star. Aber das sollte nicht sein. Niemals. Und in wenigen Stunden würde ich das auch nicht mehr wollen.

Ich holte mein Handy hervor und zögerte – aber dann öffnete ich Stars Profil. Da er mir in ein paar Stunden egal sein würde, gönnte ich es mir jetzt, mir Videos von ihm anzugucken. Nur um mich einmal noch den Gefühlen hinzugeben, gegen die ich so lange angekämpft hatte. Ein Mal, nur ein Mal, durfte ich dem Liebespfeil erlauben, sich in voller Glückseligkeit zu entfalten, mir alle Gefühle zu schenken, die er geben konnte. War ja auch gute Recherche. Und wer wusste schon, wann ich das wieder spüren würde? Ich würde diese kleinen Blitze vermissen, wenn Star mich mit seinen wunderschönen Augen ansah, wie mir warm wurde, wenn er mich anlächelte. Und wie ich mich danach verzehrte, Zeit mit ihm zu verbringen. Liebe war wirklich was Tolles.

Ich scrollte durch die Videos und fühlte alles, was es zu fühlen gab. Ich grinste, als ich ihn lächeln sah und wie er sich verschlafen durchs Haar fuhr. Stellte mir vor, dass sein Lächeln nur mir galt. Wie hübsch er war! Wie lustig er wirkte! Und ich wusste, wie lustig er auch in echt sein konnte. Wusste, dass hinter dieser coolen Fassade ein einfühlsamer Typ steckte. War doch so, oder?

Ich schaute sein Foto an, jedes Detail unendlich lange, und etwas zog an meinem Herz. Sehnsucht? Traurigkeit? Wut? Schwer zu benennen, aber es war irgendwie fies. Vermutlich ein erster Vorgeschmack auf das, was später kommen würde.

Plötzlich klopfte es an mein Fenster. Ich fuhr mit einem Schrei herum und schmiss das Handy von mir – nicht nur, weil ich ganz sicher nicht erwartet hatte, dass jemand im ersten Stock ans Fenster klopfte. Sondern weil es auch noch Star war, der davor schwebte. Boah, hoffentlich hatte er nicht gesehen, wie ich durch seinen Feed scrollte. Das war mein erster Gedanke. *Was zum Hades macht er hier?* war erst mein zweiter.

Er klopfte erneut – doller, panischer, winkte mir gehetzt zu. Jetzt fiel mir auf, wie klatschnass er war. Anscheinend hatten die beiden Wettergöttinnen das mit dem Regen nicht unter Kontrolle gekriegt. Unter anderen Umständen hätte ich ihn vielleicht draußen gelassen (zumindest durfte mir das ja wohl einreden). Aber so triefend im Regen tat er mir schon leid.

Also öffnete ich das Fenster. »Was willst du?«

Star rieb sich die Arme, er zitterte. »Reinkommen?«

Ich zog die Augenbrauen hoch. »Dein Haus ist nebenan. Geh doch dahin.«

»Aber ich wollte zu dir.«

Oh. Okay. Ergab Sinn. Warum sonst würde er vor meinem Fenster rumhängen. Er sah aus wie ein bedröppelter Pudel, und ich konnte nicht anders, als an all diese romantischen Filme zu denken, in denen der Junge dem Mädchen im strömenden Regen hinterherrannte, um ihr seine Liebe zu gestehen. Es war offiziell: Mein Leben war ein Liebesfilm. Und wäre es nicht Star, würde ich es absolut lieben, war ja eh immer mein Traum gewesen, in einer Romancestory zu leben.

Hmmm … Okay. Ich würde dem Ganzen eine Chance geben. Sei es nur, um ein letztes Mal auszukosten, was mein Herz samt Pfeil begehrte. Und weil ich vor Neugierde starb, zu wissen, was er wollte. Also trat ich zurück, und er flügelte herein.

»Danke.«

Sofort bereute ich es, weil er alles volltropfte und eine riesige Wasserlache auf dem Boden hinterließ. Schnell reichte ich ihm ein rosa Plüschhandtuch, mit dem er sich durch die Haare und durchs Gesicht strubbelte.

»Wie halten die Menschen es aus, dass es ständig regnet?«

Ich zuckte mit den Schultern. »Hättest auch abwarten können, bis Pleurida und Elektra das in den Griff kriegen.«

»Vielleicht.« Star schniefte. »Aber ich musste unbedingt mit dir reden. Und als ich gesehen habe, dass du zu Hause bist, bin ich gleich rüber.«

Ich zögerte. Er hatte die ganze Zeit auf mich gewartet? Hatte es was mit unserem Streit zu tun?

Das Handtuch hatte sich mittlerweile mit Wasser vollgesogen, und Star fröstelte immer noch. Da hatten die beiden Wettergöttinnen echt ganze Arbeit geleistet mit ihrer Regenflut!

»Komm, wir suchen dir erst mal was Trockenes zum Anziehen, das kann ja keiner mit ansehen.«

Ein paar Minuten später saß Star wieder einigermaßen trocken neben mir auf dem Bett. Er trug eine Jogginghose, die ich Paps geklaut hatte. Der würde sicherlich sofort dementieren, dass er so etwas besaß. Ich war vermutlich eine der wenigen, die wusste, dass auch der herrschaftliche Gott Amor sonntags in Schlumpiklamotten auf dem Sofa saß. Der rosa Oversized-Hoodie mit Einhornkapuze war meiner, weil ich keinen von Paps gefunden hatte. Es war der einzige, der Star passte. Hedi und ich hatten beide welche von Ares zum Geburtstag gekriegt, mit unseren Namen drauf. Somit prangte der Schriftzug »Valentina« in pinker Glitzerschrift auf Stars Brust. Der Hoodie stand ihm ausgezeichnet. Brachte die schwarzen Strubbelhaare und die hermesblauen Augen viel zu gut zur Geltung. Gleich wurde mir ganz heiß ums Herz. Normalerweise liehen doch die Jungs den Mädchen ihre Hoodies. Schön, dass ich es hier mal andersrum machen konnte. Echt süß, ihn in meinen Klamotten zu sehen.

»Danke, schon viel besser«, gab Star zu und nahm einen Schluck aus seiner Tasse Kakao mit Herzchenmarshmallows. Sofort verzog er genussvoll das Gesicht. »Boah, ist der gut.«

Ich lachte. »Wenn Amoretten eins können, dann Kakao machen.«

Ich wurde langsam besser darin, den Amoretten etwas aus dem Ärmel zu leiern, immerhin machten sie solche Sachen eigentlich nur für Amor. Aber Sebastien, meine Lieblingsamorette, war mittlerweile ganz schön empfänglich für meine Komplimente geworden.

Ich rührte in meiner Tasse. »Also, was gibt's?«

Star holte tief Luft. »Ich wollte mich entschuldigen. Für vorhin.«

»Oh.« Hatte er etwa ein schlechtes Gewissen? Das hatte ich nun gar nicht von ihm erwartet.

»Es tat mir sofort leid, nachdem ich das gesagt hatte. Ich war nur so wütend, dass das mit Mimi und Yannick passiert ist. Obwohl ich es hätte besser wissen müssen. Ich habe doch schon so oft mit Promis gearbeitet!«

»Und deine erste Reaktion war, mir die Schuld zu geben?«

Star schluckte. »Ja. Und dabei hattest du recht – es war *meine* Schuld. Du hast alles richtig gemacht. Ohne dich wären wir nie so weit gekommen.«

Das ... war mal eine Einsicht. Ich holte tief Luft. »Du hast gesagt, ich sollte keine Liebesgöttin sein. Das war echt nicht okay.«

Star sah mich gequält an. Oh Götter, war ihm das hier unangenehm. Aber es war die Wahrheit. Es tat immer noch weh, dass er das gesagt hatte.

»Weißt du, Valentina«, begann er. »Ich wollte immer ein Liebesgott sein. Seit ich klein war. Und dir wurde es einfach so geschenkt, weil du als Amors Tochter geboren wurdest. Ich war so eifersüchtig, dass du ohne Diskussion Liebesgöttin werden durftest und ich nicht.«

Ich schnaubte. »Willst du mir sagen, dass ich es nie verdient hatte und du schon? Und nein, ich konnte nicht einfach Liebesgöttin werden! Mir wurde es jahrelang verboten. Und du und Candy, selbst Nikolaus und Aimée, ihr habt mich immer damit aufgezogen, weißt du noch?«

Star presste die Lippen aufeinander. »Ja. Das weiß ich noch. Und es tut mir leid. Natürlich hast du es verdient. Ich glaube, dass wir einfach Angst hatten. Dass *ich* Angst hatte.«

»Wovor?«

»Was passieren würde, wenn du endlich Liebesgöttin wirst. Denn du warst immer die Leidenschaftlichste von uns. Es würde dir leichtfallen. Du würdest immer wissen, was zu tun ist, ganz instinktiv, wofür wir anderen hart arbeiten mussten. Du würdest mit Leichtigkeit die Beste von uns sein und uns alle überschatten. Du bist das Kind personifizierter Liebe, beim Zeus! Wir hatten Angst vor dieser Macht.«

Jetzt musste ich lachen. »Ihr habt mich fertiggemacht, weil ihr dachtet, ich würde besser sein als ihr? Was für eine blöde Ausrede! Mal abgesehen davon, dass ich bisher hauptsächlich versage!«

»Das tust du nicht.«

»Was?«

»Valentina!« Star stellte die Tasse ab. »Ich weiß, dass ich gesagt habe, dass du eine schlechte Liebesgöttin bist. Aber das stimmt nicht. Überhaupt nicht. Im Gegenteil. Du bist fantastisch. Die beste, die ich kenne. Vielleicht nicht erfolgreich. Noch nicht. Und nicht immer konventionell, sondern schräg mit viel um die Ecke denken. Aber du weißt, wie es geht. Einfach so. Du hast diesen Instinkt, dieses Verständnis für die Menschen, dieses unfassbare Talent. Und nicht mehr lange, dann wirst du vielleicht sogar besser sein als dein Vater. Einfach, weil du die Liebe so liebst und weil du liebst, was du tust.«

Meine Hände zitterten, und ich stellte lieber auch die Tasse ab. »Als … mein Vater?« Was versuchte er hier? Was sollte das werden?

»Ja. Wenn ich daran zurückdenke, wie das war, als ich angefangen habe … Es war grausam. Weil ich von Menschen und Liebe einfach nichts verstanden habe. Oder worauf es ankommt. Alles, was ich tun konnte, war auswendig lernen und anwenden. Aber wenn ich da an meine Grenzen komme, dann war's das. Deshalb befolge ich Regeln. Aber du bist nicht so. Du hast im Gefühl, was richtig ist und was funktioniert. Und was Menschen brauchen.« Er schüttelte den Kopf. »Das werde ich nie können. Ich werde nie besser sein als du.«

Hä? Das ergab doch gar keinen Sinn! Star war einer der aufmerksamsten Menschen, die ich kannte. Das hatte auch Mimi bemerkt. Oder war genau das der Grund? Wollte er sagen, dass er nicht wirklich verstand, wie Menschen sich fühlten? Wie Liebe funktionierte? Alles in seinem Kopf waren Schemata, Szenarien? Und dass er deshalb immer so genau auf alles achtete, was um ihn herum passierte? Etwa so wie mit Desirées Aromantik. Sie wusste, was Liebe war und wie es grundsätzlich funktionierte. Aber emotional nachfühlen konnte sie es nicht, was das Verständnis so schwierig machte.

Aber es änderte nichts daran, dass Star ans Ziel kam und Menschen glücklich machte. Er war nicht ohne Grund Klassenbester, verflucht!

»Es geht doch nicht darum, besser zu sein. Liebesgötter müssen sich nicht gegenseitig übertrumpfen. Wir müssen die Menschen und ihr Glück in den Vordergrund stellen.«

Eine Weisheit, die ich leider auch viel zu lange ignoriert hatte, wie mir klar wurde.

Er grinste, sah aber zu Boden. »Genau das meine ich. Das macht dich so fantastisch.«

Es war dieses kleine Lächeln in seinem Mundwinkel, das wieder alle Gefühle in mir erweckte. Er fand mich fantastisch! Nicht albern oder kindisch oder naiv.

Da wurde er wieder ernst. »Als du gesagt hast, dass ich lieber Botengott werden sollte, kam all das hoch von früher. Das habe ich schon so oft gehört. Höre ich immer noch ständig von Dad. Und jetzt von dir … Vielleicht hast du recht. Vielleicht sollte ich kein Liebesgott sein. Ich bin besser darin, Sachen zu überbringen, Botschaften, dieses Vermitteln zwischen Leuten kann ich gut.«

Oh nein. Das hatte ich nicht gewollt! Ich wusste, dass Hermes immer wieder versuchte, seinen Sohn zu überreden, in das Familiengeschäft einzusteigen, aber Star hatte stets dagegengehalten. Doch jetzt … Ich packte Stars Arm – zu meiner eigenen Überraschung, holladiewaldnymphe.

»Aber das willst du nicht!«

Star schüttelte den Kopf. »Nein. Will ich nicht. Ich will Liebesgott sein. Aber ich muss doppelt so hart arbeiten, um mich zu beweisen. Deshalb sind mir dieser Auftrag und diese Ausbildung und die guten Noten so wichtig. Ich will der Beste sein. Damit meine Familie sieht, damit *deine* Familie sieht, dass ich es kann. Ich will einfach nicht versagen …«

Seine Stimme brach – und zum ersten Mal sah ich Tränen in seinen Augen.

»Woah!«, rief ich. Tränen bei Star. Dem perfekten, alleskönnenden Star? So was existierte nicht in der Welt. Das durfte nicht existieren.

»Jetzt hör mir mal zu!«, forderte ich und packte sein Gesicht, sodass er mich ansehen musste. »Du bist ein verdammt erfolgreicher Liebesgott! Der beste, den ich kenne. Ich habe so lange zu dir aufgeblickt. Und ja, ich dachte, dass du ein Angeber bist. Ein Streber, ein Besserwisser, ein Schnösel, ein …« Okay, sein verwirrter Blick zeigte, dass ich vielleicht lieber aufhören sollte, ihn zu beleidigen. Ich ließ sein Gesicht los. »Jedenfalls – du warst immer gut in dem, was du tust. Du warst eifersüchtig auf mich? Quatsch, ich war eifersüchtig auf *dich*! Dass du die Liebe nicht im Gefühl hast, das stimmt nicht. Denn du hast recht, du bist ein fantastischer Botengott.« Er starrte mich an, öffnete den Mund, um mir zu widersprechen, also fuhr ich schnell fort. »Und genau das macht dich zu einem hervorragenden Liebesgott. Zwischen Leuten vermitteln, Botschaften überbringen und Verbindungen zwischen Menschen aufbauen – das hast du einfach drauf. Im Gegensatz zu mir. Du weißt immer, was die Menschen brauchen, auf einer Gefühlsebene. Auch wenn es gerade keine Liebe ist. Das ist etwas Tolles, Star! Die Liebeswelt braucht einen Liebesgott wie dich. *Ich* brauche einen Liebesgott wie dich!«

Da war das schelmische Grinsen wieder. »Du brauchst mich?«

Oooohhh, nein, nein, nein, warte, halt! Der Liebespfeil hatte das Kommando über den Mund übernommen.

»Ich meine, für gemeinsame Aufträge! Ohne dich … kann ich die nicht ausführen. Weil wir ein Team sind. Das geht nur zusammen. Wie Aphrodite gesagt hat. Jetzt hör auf, so blöd zu grinsen!«

Aber das tat er nicht, sondern lachte laut los. Oh bitte, wo ist dieses Bodenloch, wenn ich es brauche? Und wieso war sein Lachen so schön? Ich würde es am liebsten einfangen, in ein Glas stopfen und immer wieder anhören.

Er nahm meine Hand, ganz leicht nur, trotzdem jagte es ein Kribbeln über meine Haut bis zu meiner Brust. »Ich verstehe schon. Und ich brauche dich auch. Als Liebesgöttin. Für diesen Auftrag. Wir schaffen das nur zusammen, Valentina, und wir haben super zusammengearbeitet. Und es hat echt Spaß gemacht. Ich wäre mit niemand lieber ein Team.«

JUNGE! Jetzt hör doch auf, dem Liebespfeil Futter zu geben, maaaannn! Seufz. Schluss jetzt, Valentina. Konzentrier dich!

»Seh ich auch so«, stimmte ich zu. »Aber um eines klarzustellen, Star, ich bin immer noch der Meinung, dass Mimi und Yannick zusammenpassen. Denn das, was du über die erste Liebe gesagt hast, stimmt nicht.«

Star zuckte zusammen. »Okay. Ja. Also …« Er holte tief Luft. »Das ist ein schwieriges Thema. Vielleicht verstehe ich das einfach nicht, weil …« Er brach ab, als hätte er sich fast verplappert. »Ich meine, sollte man sich auf Liebe einlassen, auch wenn sie nicht perfekt ist? Kann man das denn? Gerade bei der ersten?«

Ich lachte und drückte seine Hände. »Ja, Star. Das geht. Und das muss man. Woher soll man denn wissen, wie es läuft, ohne es auszuprobieren?«

Er lächelte wieder, diesmal ganz warm. »Ich sag doch. Du bist viel besser, was diese erste Liebe angeht.«

Ich ließ ihn los. »Dafür kennst du dich in deinem Gebiet besser aus. Und hast mehr Erfahrung.«

Wir sahen einander an. Und offenbar fassten wir beide denselben Plan. »Wir können das mit Mimi und Yannick noch retten, oder?«, fragte ich.

Star griff nach seinem Handy. »Ihr Video verbreitet sich immer weiter, Leute reagieren darauf, stellen es nach. Der Song erfährt eine neue Beliebtheit in den Musikcharts. Aber viel wichtiger ist …« Er öffnete seine Liebesgott-App, in der er Mimi als Profil angelegt hatte. Dort trackte er sie, ihr Online-Verhalten, ihre Stimmung, hatte Hobbys und alles notiert. Ein bisschen gruselig, aber nützlich für die Arbeit als Liebesgott. Er zeigte auf einen Balken, der ihre Social-Media-Präsenz darstellte. »Mimi hat sich dieses Video seit heute Mittag in Dauerschleife angeguckt. Das ist nichts, was jemand macht, der wirklich wütend darüber ist. Sie mochte es. Und ich glaube, sie mag Yannick. So oft, wie sie auf sein Gesicht zoomt …« Er steckte sein Handy weg. »Meine Erfahrung und mein Wissen über Socials und Promis sowie dein Instinkt und dein Vertrauen in die erste Liebe. Damit schaffen wir das. Wir sind das Superteam.«

Er hielt seine Hand hoch. Ich grinste und schlug ein. »Okay. Wagen wir einen letzten Versuch.«

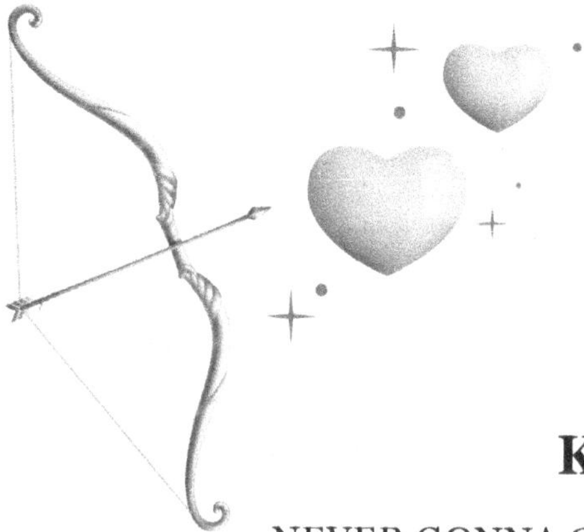

Kapitel 24

NEVER GONNA GIVE YOU UP

Für unseren Plan brauchte ich Desirées Hilfe. Seit der – leicht verpatzten – Klavieraktion im Einkaufszentrum hatte sie sich in Schadenfreude gesonnt.

»Da helfe ich euch einmal nicht, und schon schießt ihr über das Ziel hinaus. Gleich zwei chaotische Liebesgötter auf einmal, ihr braucht echt eine menschliche Aufpasserin!«

Dementsprechend war sie sofort bereit, uns zu helfen. Desirées Aufgabe war es, Yannick im Auge zu behalten. Der hatte heute Nachmittag noch Klavierunterricht in der Schule. Und trotz der Aufregung mit Mimi ließ er den natürlich nicht ausfallen. Denn Yannick liebte das Klavier und hatte wohl keins zu Hause, wie Desirée mir berichtete. Es bestand außerdem die Möglichkeit, dass er danach noch länger blieb und übte – tat er wohl häufiger. Desirée sollte aufpassen, dass er nicht abhaute.

Star und ich machten uns derweil auf zu Mimi – nachdem Star darauf bestanden hatte, sich zu Hause umzuziehen. Schade. Ich mochte ihn im Einhornhoodie. Aber der wäre vielleicht auch nicht förderlich für unser Vorhaben gewesen.

Mimis Mutter wollte uns zuerst nicht reinlassen. Verständlich, wenn die eigene Tochter oft von Fans belagert wird – auch jetzt hatten sich wieder zahlreiche vor ihrem Haus versammelt. Erst nachdem Mimi bestätigt hatte, dass sie uns kannte, ließ ihre Mutter uns hinein, jedoch nicht unter weniger skeptischem Blick. Als Mimi sich auf einen Sessel im Wohnzimmer fallen ließ, brach es mir das Herz, und ein riesiges schlechtes Gewissen machte sich in meiner Brust breit. Von dem schillernden Popsternchen war nur noch ein grauer Schatten mit verweinten Augen übrig, der sich an eine Teetasse klammerte.

»Alles in Ordnung?«, fragte Star und setzte sich neben sie. Mimi zuckte mit den Schultern. »Muss ja.«

»Wir haben das gestern im Einkaufszentrum mitgekriegt«, sagte ich und setzte mich ebenfalls. »Und … was danach passiert ist.«

Wieder ein Schulterzucken, diesmal ein leichter Tränenfilm in den Augen. »Noch so ein Typ, der mich ausgenutzt hat. Für Fame oder so. Nur weil wir uns von früher kannten. Und ich bin voll darauf reingefallen.«

Doch das Zittern in ihrer Stimme verriet, dass mehr dahintersteckte. Und uns war das auch klar. Nicht nur, weil Star wusste, dass sie das Video so häufig angeguckt hatte, und weil ich wusste, wie gebrochene Herzen aus Stimmen herausklangen. Sondern auch, weil ich da so einen leichten, zartrosa Schein um sie herum bemerkte, als sie darüber sprach. Yannick hatte mit der Sache gestern wohl tatsächlich ihr Herz berührt.

»Glaubst du wirklich, er wollte dich ausnutzen?«, fragte ich.

»Na klar!«, schnappte Mimi. »Was sonst? Er hat das nur gemacht, damit ihn dieser Starpianist entdeckt.«

Star und ich sahen einander an. Es war Zeit für unseren Trumpf.

Er atmete tief ein und zwirbelte die Ärmel seines Shirts. »Ich weiß, dass es nicht so war.«

Mimi hob spöttisch die Augenbrauen. »Woher? Du hattest doch nichts damit zu tun.«

Star wiegte den Kopf. »Ehrlich gesagt schon.«

Mimi erschrak. »Du hattest … Warte, Yannick hat irgendwas von dir gesagt.« Sie rückte von Star weg. »Was hast du getan? Wolltest du dich rächen, dafür, dass ich auf dich stand? Weil du das peinlich fandest? Verdammt, ich wusste es, ihr seid alle gleich!« Mimi sprang auf, und Star und ich hoben beschwichtigend die Hände.

»Nein, so ist das nicht!«, rief ich.

»Im Gegenteil, lass es mich erklären«, beteuerte Star.

Mimi zögerte. Sie war zu Recht verunsichert. Aber sie bedeutete Star mit einem Nicken, dass er sprechen durfte.

»Es tat mir so leid, dass ich dich verletzen musste«, beteuerte er. »Du bist bestimmt schon oft verletzt worden, und es ist sicher nicht einfach für dich, Leuten zu vertrauen.«

Wir hatten im Vorwege besprochen, was er sagen sollte. Aber wie er es erzählte, haute mich um. Es kam direkt von Herzen.

»Ich wollte dir zeigen, dass es auch noch andere Jungen auf der Welt gibt, die gut sind, auch wenn du sie vielleicht nicht auf dem Schirm hast. Wie Yannick. Als Valentina und ich gehört haben, wie er Klavier spielt … Das war wie Zauberei. Deshalb haben wir euch beide ins Einkaufszentrum gelockt und ihn gebeten, für dich zu spielen. Wir meinten, du würdest sicher mitsingen. Wir dachten, das gefällt dir. Und es war so magisch!«

Star sah zu Boden. »Ich hab nicht geahnt, dass es so enden würde.«

Mimi betrachtete ihn, ihre Miene wurde ein wenig weicher. »Und mit mir vorher zu sprechen, ist dir nicht in den Sinn gekommen?«

Star biss sich auf die Lippe. »Äh …«

Ich gab ihm einen Ellbogenstoß. »Hab ich doch gesagt.«

Das war Improvisation. Star schien es zu erkennen, denn er nickte nur.

Mimi setzte sich wieder hin. »Es war tatsächlich ziemlich schön und hat echt Spaß gemacht. Und … ich hab mich richtig gefreut, dass Yannick das mit dem Lied noch wusste. Und irgendwie fand ich ihn ganz süß.« Sie lächelte ein wenig, und ihre Liebesaura pulsierte. Ja, ich hatte es gewusst! Doch dann gefror ihr Lächeln. »Trotzdem – eine uncoole, berechnende Aktion von ihm.« Sie vergrub das Gesicht in einem Kissen. »Warum passiert mir immer so was? Wieso gerate ich immer an die Falschen? Erst Felix, dann du, Star, und jetzt … ich sollte es einfach lassen und lieber einsam und allein sterben!«

Langsam verstand ich, was das eigentliche Problem war. Mimi sehnte sich schon lange nach einer Beziehung, weswegen sie sich auch immer wieder darauf einließ, für jemanden zu schwärmen. Und deshalb verletzten die Abfuhren sie jedes Mal aufs Neue so sehr. Yannick sehnte sich auch schon ewig nach einer Beziehung zu Mimi, und jetzt sah es so aus, als hätte er es vermasselt. Beide wollten die große Liebe. Beide waren furchtbare Romantiker. Sie wollten das beide. Es musste ihnen nur klar werden.

Ich tippte mir nachdenklich ans Kinn. »Hat er das denn zugegeben, dass er dich ausgenutzt hat?«

Mimi schnaubte. »Er hatte die Chance, sich zu erklären, und hat es nicht getan!«

»Also hast du dir gar nicht seine Sicht der Dinge angehört?«

Mimi sah mich genervt an. »Was soll das denn jetzt? Seid ihr nun auf meiner Seite oder nicht? Ich hab echt keinen Bock, mich belehren zu lassen.«

Star legte ein Bein über das andere. »Mal ganz ehrlich, Mimi – würde es dir denn helfen, wenn wir nur das sagen, was du hören willst? Das haben deine Freundinnen sicher schon zur Genüge getan.«

Okay, das war echt mutig – aber Mimi fand es ja gut, wenn man direkt sagte, was Sache war. Und wie so oft wusste Star einfach ganz genau, was sie brauchte.

Mimi zögerte, Ungewissheit in ihren Augen. »Er würde bestimmt eh nur lügen, wenn ich mit ihm rede.«

Star beugte sich etwas zu ihr vor. »Aber dann wüsstest du zumindest sicher, dass er ein Arsch ist. Hilft dir vielleicht beim Abschließen. Und dann könntest du auch besser in der Öffentlichkeit damit umgehen.«

Mimis Augen huschten hin und her, sie wog das Pro und Kontra ab. Ich beschloss, ebenfalls etwas nachzuhelfen.

»Ich wette, er übt noch Klavier in der Schule. Du könntest dort vorbeischauen!«

Noch immer dieses Zögern. Dieses Abwägen. Doch dann: »Ach, Scheiß drauf, ich mach's. Ich hab nix zu verlieren!«

Sie sprang auf und lief los. Mir fiel ein Stein vom Herzen, und ich konnte Star ansehen, dass es ihm genauso ging. Wir lächelten einander an.

Mimi, die eigentlich schon aus der Tür raus war, guckte noch mal zurück. »Was läuft da eigentlich zwischen euch beiden? Sicher, dass ihr nur Freunde seid?«

»Ganz sicher«, antworteten Star und ich wie aus einem Mund, und ich hoffte, dass ich nicht zu energisch klang.

Mimi zuckte nur mit den Schultern. »Wie ihr meint.« Dann verschwand sie.

Mimi nahm wieder das Rad und zischte so rasant aus ihrer Einfahrt, dass ihre dort lungernden Fans gar nicht reagieren konnten. Wir flogen ihr heimlich hinterher. Ich rief Desirée an und warnte sie, dass wir und Mimi auf dem Weg waren. »Beeilt euch, Yannick übt schon 'ne ganze Weile, der haut sicher bald ab.«

Auch wenn Mimi mit dem Rad abnormal schnell war, waren wir in der Luft immer noch schneller.

Wir landeten auf dem Schulhof, knapp neben Desirée, die an der Tür wartete. Kurz lüfteten wir unsere Togen, um uns zu offenbaren.

»Wusste ich doch, dass ich was gespürt habe!«, zischte sie. »Yannick ist noch drin.«

Schon hörten wir das Quietschen von Mimis Fahrradreifen.

»Schnell rein!«, befahl Desirée und zog die Tür auf. »Ich versteck mich, damit sie mich nicht sieht.«

»Wir schulden dir was!«, rief ich ihr zu, bevor Star und ich unsichtbar die Schule betraten.

»Und wie ihr das tut. Was Riesiges!«, antwortete Desirée.

Es dauerte nicht lange, bis Mimi in den Flur trat und sich vorsichtig dem Musikraum näherte, aus dem Yannicks Klavierspiel erklang. Wir folgten ihr, als sie leise hineinhuschte.

Yannick sah auf, als die Tür hinter Mimi (und uns) ins Schloss fiel, und wurde blass. »Hi«, krächzte er überrascht.

»Hi«, sagte Mimi.

Die beiden sahen einander eine Weile nur an und suchten wohl nach den richtigen Worten.

»Was machst du hier?«, fragte Yannick schließlich. »Nicht als Vorwurf gemeint, ich bin nur überrascht.«

Mimi zuckte mit den Schultern. »Hab gehört, dass du hier übst.« Sie steckte die Hände in die Hosentaschen. »Ich hab dir vorhin nicht die Gelegenheit gegeben, zu erklären, warum du das mit dem Lied gemacht hast. Also?«

Yannick schluckte. Dann stand er auf – bewegte sich aber nicht hinter dem Klavier hervor, ein wohlgewählter Sicherheitsabstand. »Ich wollte nicht, dass das passiert. Es war wirklich nicht meine Absicht, dass die Leute das filmen und jetzt so Sachen über uns sagen. Oder dass ich durch dich bekannt werde oder so.«

Mimi schlenderte durch den Raum und begann, mit einem Notenständer aus Metall zu spielen. Klappte die Bügel auf und zu und schaute Yannick nicht an.

»Aber du weißt doch, wie die Leute mir hinterherjagen. War doch klar, dass so was passiert.«

»Ich hab dich nicht zum Mitsingen gezwungen«, konterte er prompt.

Mimi warf ihm einen scharfen Blick zu, und Yannick zuckte zusammen.

»Okay, ich hab's tatsächlich gemacht, weil ich dachte, dass du mitsingst.«

»Ja, das hat Star mir erzählt.«

Yannicks Blick verdunkelte sich. »Du hast mit Star geredet?«

Oh, da war sie wieder, die alte Rivalität.

Mimi ließ von dem Notenständer ab. »Nur deshalb bin ich hier. Er und diese Valentina haben mich überzeugt, mit dir zu reden.«

Yannick wirkte verwundert – natürlich. Er war davon ausgegangen, dass Star ihm eins reinwürgen wollte.

»Okay«, fuhr er fort. »Aber das mit dem Lied hat er mir nicht gesagt. Das kam von mir. Ich war mir nämlich nicht sicher, ob du dich an mich erinnerst. Ist ja schon so lange her mit dem Orchester, und ich dachte, bei diesem Lied fällt dir wieder ein, wer ich bin. Und du findest es witzig.« Er guckte zu Boden und fügte leise hinzu: »Findest mich witzig.«

»Und mich einfach anzusprechen, war keine Option?«

Mimi machte keine Gefangenen, das war sehr erfrischend an ihr.

Yannick lachte. »Nein? Das wäre doch echt creepy, einfach auf dich zuzugehen und mit dir zu reden, obwohl wir nix miteinander zu tun haben. Am Ende hättest du noch gedacht, ich bin nur ein nerviger Fan.«

»Und jetzt denke ich das nicht, oder wie?«

Ich spürte, wie sehr diese Antwort Yannick traf. Er sank bedrückt auf den Klavierhocker. Das Gefühl eines geknickten Herzens. »Das hab ich echt ganz schön versaut.«

»Das glaub ich aber auch«, gab Mimi zurück. Sie seufzte. »Warum genau wolltest du denn, dass ich mich an dich erinnere? Warum war dir meine Aufmerksamkeit so wichtig?«

Yannick zuckte mit den Schultern. »Weil …«, er stockte.

»Na?«

Yannick schüttelte den Kopf. »Ach, nicht so wichtig.«

Doch das ließ Mimi nicht durchgehen, ganz und gar nicht. Sie marschierte zum Klavier und schlug mit der Hand darauf, sodass die Noten herunterfielen. »Jetzt hör mir mal zu, ich bin extra hergekommen, damit du mir deine Version erzählst. Und die will ich jetzt auch hören und nicht so ein weinerliches ›Nicht so wichtig!‹. Also, spuck aus, was du sagen willst, oder ich gehe. Und diesmal wirklich und für immer.«

Yannick starrte Mimi entgeistert an. Genau wie wir. Mit Mimi war echt nicht zu spaßen! Und Yannick hatte Angst. Er wusste, dass das seine einzige Chance war, Mimi zu gestehen, was er empfand. Er musste mutig sein. Aber konnte er das, nach all den Jahren der Geheimhaltung?

»Ach, Hades noch mal«, fluchte Star neben mir so leise, dass selbst ich es kaum hörte. Huch? Das hatte er noch nie von sich gegeben, weil er der Meinung war, dass es wirklich unfair gegenüber Hades war, immer auf ihn zu fluchen. Obwohl wir alle wussten, wie sehr der Gott der Unterwelt das genoss.

Noch überraschter war ich allerdings, dass er etwas in seine Liebes-App tippte. Was machte er da?

In derselben Sekunde klingelte Yannicks Handy, das auf dem Klavier lag, laut und durchdringend.

Mimi und Yannick fuhren zusammen. Yannick packte das Handy und versuchte verzweifelt, es auszuschalten. »Ich hatte doch den Stummmodus an«, murmelte er. Dann hielt er inne, starrte wie hypnotisiert auf den Bildschirm. An Stars süffisantem Lächeln erkannte ich, dass er etwas damit zu tun hatte. Ich musste ihn unbedingt später danach fragen.

Yannick jedenfalls schaffte es endlich, sein Handy auszuschalten. Er legte es mit dem Bildschirm nach unten aufs Klavier, und auf einmal wirkte er ganz ruhig, kontrolliert – und vor allem mutig.

»Du willst es wissen?«, sagte er und sah Mimi fest in die Augen. »Weil ich dich cool finde. Seit Ewigkeiten. Schon lange vor dieser Castingshow. Ich fand immer, dass du super singst. Und nett bist. Ich hab mir gewünscht, mit dir befreundet zu sein, wusste aber nicht, wie. Und vielleicht … vielleicht auch ein bisschen mehr.«

Meine Kinnlade fiel mir fast auf den Boden. Woah, wer war der Typ? Das war doch nicht der schüchterne Yannick von gerade eben?

Mimi sah ihn überrumpelt an. Langsam öffnete sich ihr Mund, aber so richtig wusste sie wohl auch nicht, was sie auf diese Offenbarung antworten sollte. Dann aber begannen sich ihre Lippen zu einem Lächeln zu verziehen. Schließlich lachte sie. »Ach, so ist das.«

Yannick nickte. »Sollte aber wohl einfach nicht sein. Man muss ja auch nicht mit jedem befreundet sein, und du musst es schon gar nicht.« Yannick wandte sich von ihr ab und hob die Noten auf.

»Also, just for the record: Ich wusste, wer du bist. Die ganze Zeit.«

Yannick sah perplex auf. »Ach, echt?«

Mimi trat einen Schritt zurück. »Weißt du noch, die Musikfreizeit vor zwei Jahren? Als wir einen Abend alle zusammen ohne Lehrer im Probenraum saßen und Musik gehört haben? Und Antonia und Matilda haben angefangen, ein Duett aus einem Musical zu singen? Du hast dich einfach ans Klavier gesetzt und ein bisschen rumprobiert und dann das Stück gespielt, obwohl du es vorher nie geübt hattest. Und dann habt ihr Varianten eingebaut. Schneller, langsamer, pompös, traurig, verschiedene Musikstile. Die Mädels haben gesungen, und es haben immer mehr mitgemacht, einige haben getanzt, andere die Szene nachgespielt, ein paar hatten plötzlich Kostüme an, und es war einfach superwitzig und der beste Abend. Und ich hab da schon gedacht, wie krass du einfach Klavier spielen kannst.«

Yannick grinste. »Oh, du meinst das hier?« Er legte die Finger auf die Tasten und begann zu spielen, als wäre nichts dabei. Ich erkannte das Lied und grinste. Star nicht, der warf mir nur einen verwirrten Blick zu. Ich konnte ihm ja nichts zuflüstern, das hätten die beiden vielleicht gehört, also schickte ich ihm den Titel per Nachricht aufs Handy: *Draußen ist Freiheit* aus dem Musical *Tanz der Vampire*. Das Duett zwischen dem Hauptliebespaar des Stücks, Sarah und Alfred.

Mimi staunte. »Ja, genau das!«

Yannick veränderte seine Spielart, jetzt wurde das fröhliche Stück härter, brutaler, wie ein aggressives Metallied. »Oder war es vielleicht so?«

Mimi lachte, und Yannick veränderte es wieder, das Lied wurde melancholisch, tragisch, verursachte Gänsehaut. »Oder ist es so besser?«

Der Junge war wieder voll in seinem Element, und Mimi lachte immer mehr. Nach einer Weile ließ Yannick die Hände einmal über die ganzen Tasten fliegen und beendete das Stück mit einem abschließenden Akkord. Dann deutete er eine Verbeugung an.

Mimi klatschte in die Hände. »Wahnsinn, das ist so abgefahren!«

»Ach, wenn man die Akkorde hat, dann geht's eigentlich.«

Mimi stöhnte. »Boah, das sagt ihr Klavierspieler immer.« Schnurstracks setzte sie sich neben ihn auf den Klavierhocker. Yannick konnte kaum schnell genug zur Seite rücken, und die ganze Liebesaura schwappte zu Star und mir rüber, sodass wir uns gegenseitig stützen mussten. Hatte Star genauso weiche Knie wie ich?

»Zeig mir, wie das geht!«

Yannick räusperte sich. »Okay, also …« Er legte seine Hände aufs Klavier. »So fängst du an.«

Sie versuchte es nachzumachen. »So?«

Yannick schüttelte den Kopf. »Nee … Darf ich?« Er deutete auf ihre Finger, und sie nickte.

Er führte ihre Hände auf dem Klavier und zeigte ihr, welche Tasten sie drücken musste. Es klang unbeholfen, aber Mimi war begeistert. »Das ist er? Der Akkord?«

Yannick nickte. »Genau, und jetzt spielst du den immer wieder, im Rhythmus.«

Mimi drückte die Tasten, und Yannick begann, zu Mimis Akkorden eine Melodie zu spielen. Es klang wundervoll. Mimi strahlte immer breiter und blickte zu Yannick. Der sah zurück und grinste auch. Ihr gemeinsames Klavierspiel wurde langsamer. Und zwischen den beiden konnte ich dieses leise Knistern spüren, diese kleine Faszination, die Schwärmerei ausmacht. Von beiden. Star stupste mich an. Er fühlte es auch.

»Ich fand's wirklich schön, als wir im Einkaufszentrum zusammen musiziert haben. Trotz allem, was danach passiert ist«, gab Mimi zu.

»Ich auch«, sagte Yannick. Er zögerte. »Hast du Lust, das mal wieder zu machen? Vielleicht ohne Publikum?«

Na, heute hatte er es aber mit dem Mut! Ich war richtig stolz auf Yannick.

Mimi nickte. »Unbedingt … Und wenn du willst, können wir ja auch mal was anderes unternehmen. Ohne Musik. Nur wir beide?«

Yannick strahlte, seine Wangen färbten sich erst rosa, dann rot, und seine melodische Liebesaura umtanzte ihn.

Star und ich tauschten einen vielsagenden Blick. Das war der Moment.

Wir holten unsere Bögen hervor und spannten Pfeile ein. Ich deutete auf Mimi und dann auf Star. Er schenkte mir ein dankbares Lächeln. Sie war sein Spezialgebiet, sein Promi. Mein kleines Geschenk an ihn. Er flüsterte Mimis Namen und ich Yannicks. Ganz leise nur. Ich ließ meine Liebesmagie von den Fingern in den Pfeil gleiten, sie kribbelte, als sie sich ihren Weg bahnte. Synchron hoben Star und ich unsere Bögen – und dann schossen wir.

Die Pfeile sausten durch die Luft auf Mimi und Yannick zu und glitten butterweich in ihre Brust. Sofort ging ein pinkes Pulsieren von den Pfeilen aus. Es schwoll an, wurde immer stärker, bis es beide umhüllte. Ihre Liebesauren vermischten sich, so, wie sich ihr Gesang und ihr Musikspiel vermischt hatte, und gemeinsam bildeten sie eine bezaubernde Symphonie. Es spannte sich ein zartes rosa Band zwischen den Pfeilen in ihrer Brust. Ein winziges Blinzeln, ein kleines Zucken in ihren Händen zeigte uns, dass auch Mimi und Yannick bemerkt hatten, dass etwas anders war.

»Willst … willst du vielleicht irgendwohin gehen? Jetzt?«, fragte Mimi und wurde rot. »Also, woanders als hier?«

Yannick nickte. »Ja. Ja, das würde ich sehr gerne.«

Ich lächelte. Das hier war anders als damals bei Leila und Philemon. Da hatte der Pfeil für eine Erlösung gesorgt, nachdem sie sich endlich geküsst hatten. Hier war der Pfeil ein erster Impuls. Mimi und Yannick waren verliebt und mochten einander. Aber sie waren vorsichtiger und standen ganz am Anfang. Es war noch keine klare, feste Beziehung in Sicht. Aber mit uns Liebesgöttern im Hintergrund und dem Band der Pfeile würde das noch kommen. Da war ich mir sicher.

Kapitel 25

I CAN'T MAKE YOU LOVE ME

Nachdem Yannick und Mimi das Schulgelände verlassen hatten (um auf ihr erstes Date zu gehen!), zogen Star und ich endlich die hässlichen Togen aus. Ich sah Desirée in der Ferne telefonieren, offenbar war ihr langweilig geworden.

Ich streckte Star meine Hand für ein High Five entgegen. »Das haben wir richtig gut gemacht!«

Doch Star schlug nicht ein. Stattdessen umarmte er mich, und zwar nicht auf diese freundschaftliche, lockere Art. Oder die lustige Art, wie als wir auf der Straße gesungen hatten. Er drückte mich mit beiden Armen fest an sich, den Kopf an meinen geschmiegt. Bei allen Liebesgöttern, ich wusste gar nicht, was ich tun sollte. Alles kribbelte, und mein Herz schlug bis zum Olymp. Wohin mit meinen Armen? Was machte ich denn jetzt? Dann hob er mich hoch, und ich quiekte auf.

»Valentina, wir haben es geschafft! Wir haben es wirklich geschafft!« Er ließ mich los. »Das war fantastisch! Wir waren fantastisch. Du warst fantastisch!«

Er behielt einen Arm um mich gelegt und sah mir tief in die Augen. So voller Freude hatte er mich noch nie angeguckt. Freude über mich.

»*Du* warst fantastisch«, antwortete ich. Flüsternd, leise und ernst gemeint.

Sein Lächeln verschwand. Aber er wandte den Blick nicht ab. Sah mich noch viel tiefer an, *sah* mich. Nur mich. Voller Ehrlichkeit. Als gäbe es gerade niemanden sonst. Und ich sah ihn. Star, der mich seit meiner Kindheit in den Wahnsinn trieb. Der in allem besser war. Immer klüger, beliebter, perfekter. Und der mich doch insgeheim bewundert hatte. Wie wir uns gegenseitig gehasst hatten, aus purer Eifersucht. Schon albern, jetzt, da ich es begriffen hatte.

Er kam noch näher, ganz leicht. Und ich auch. Der Moment dauerte ewig. Und mit dieser Ewigkeit rollte eine Welle von Gefühlen über mich, erstickte mich geradezu, wirbelte wie ein Taifun durch mich durch. Aber auf eine gute Art. Und mir wurde klar: Ich wollte das hier! So sehr! Ich wollte ihn. Und es war mir egal, dass ich das nicht sollte und es vielleicht nicht passte. Das hier war nicht logisch. Folgte keinem Plan, keiner Liste. Denn Liebe war nicht logisch. Und niemals perfekt. Und das musste sie auch nicht sein, solange sie ehrlich war. Und meine Liebe *war* ehrlich.

Und richtig. Genau so sollte es sein. Und genau so sollte *er* sein.

Also stellte ich mich auf die Zehenspitzen und küsste ihn. Oder zumindest wollte ich das tun. Denn ich hatte seine Lippen noch nicht richtig berührt, da zog er seinen Kopf ruckartig zurück und schob mich von sich.

»Warte, was?«

Er starrte mich entgeistert an. Nicht wütend, aber erschrocken. Überrumpelt.

Und das Gefühl meiner überwältigenden Liebe wich Schmerz. Wie von einem scharfen Messer. Er breitete sich von meiner Brust aus und fuhr mir durch den ganzen Körper. Ich hatte die Zeichen falsch gedeutet. Ich hatte alles missverstanden. Natürlich mochte er mich nicht auf diese Art. Wie konnte ich nur so blöd sein? Das hatte er doch mehr als deutlich gemacht! Und ich Idiotin hatte es einfach vergessen und mich von meinen Gefühlen übermannen lassen.

Star schüttelte den Kopf. »Wenn das ein Scherz sein soll …?«

»Nein!«, rief ich laut. Ein Scherz? So dachte er über mich? Gefühle waren nie ein Scherz! Bevor mein Hirn sich einschalten konnte, öffnete ich den Reißverschluss meiner Jacke und zeigte Star den Pfeil in meiner Brust. Ich hoffte, dass Paps recht behielt und sich seine Liebesgottmagie tatsächlich einfach durch pure Willenskraft auflöste. So, wie sich Stars Augen weiteten, funktionierte es wohl.

»Valentina, das ist …«

»Das ist ein Liebespfeil, ja.« Es überraschte mich selbst, wie ruhig meine Stimme blieb. »Mit deinem Namen drauf.

Der steckt da schon eine ganze Weile. Es war ein Unfall. Ich hab aus Versehen mich selbst getroffen, und ich dachte, das ließe sich leicht beheben. Fehlanzeige. Ich schwöre, ich hab wirklich alles versucht, um ihn wieder loszuwerden. Aber das geht einfach nicht. Langsam glaube ich, es soll auch nicht gehen. Weil ich wirklich verliebt in dich bin, Star. So richtig echt. Das verstehe ich jetzt.«

Star starrte den Pfeil an und zwang sich dann regelrecht, unter Anstrengung, mir wieder in die Augen zu schauen. »Du hast dich aus Versehen mit einem Pfeil beschossen? Du bist in mich verliebt?«

Ich biss mir auf die Lippe. »Mach dich ruhig darüber lustig.« Ich zog die Jacke wieder zu. »Aber ist ja egal. Das ... das ist mein Problem, nicht deins.« Ich rieb mir mit dem Handrücken über die Augen. Natürlich kamen da Tränen, was sonst?

Star fuhr sich durch die Haare. »Nein, Valentina, das wollte ich nicht! Verdammt, ist das kompliziert.« Star schien seltsam verzweifelt zu sein. Er presste die Lippen aufeinander und stieß einen frustrierten Laut aus. Dann tippte er auf seine Brust. »Schau her.«

Bei aller Macht und allen Göttern im Olymp hatte ich das hier wirklich niemals erwartet: Vor meinen Augen materialisierte sich ein Pfeil, der in seiner Brust steckte. Ein rot pulsierender, ganz und gar echter Liebespfeil.

»Du hast einen Pfeil«, stammelte ich.

Er machte ein zerknirschtes Gesicht und nickte. »Ja. Schon recht lang, ehrlich gesagt.«

Diesmal war der Schmerz noch schlimmer. Es passierte

das, was ich von Anfang an gewollt hatte – mir wurde das Herz gebrochen.

Star war in jemanden verliebt. Schon lange. Und das konnte nicht ich sein.

Aber jetzt, da mein Herz wirklich brach, verfluchte ich mich dafür. Dieser Schmerz war nicht vergleichbar mit irgendwas, was ich je gefühlt hatte. Ich hatte keine Chance bei Star. Es hatte niemals sein sollen. Dieser Gedanke machte mir klar, wie unfassbar ich in Star verliebt war. Und es war mir eigentlich egal, wem seine Gefühle galten. Candy? Mimi? Machte alles keinen Unterschied.

»Du bist schon lange verliebt«, hauchte ich.

Star ließ seine Jacke los und nahm meine Hände. »Ja, aber, Valentina, ich …«

In dem Moment ertönte ein Kanonenschuss, und der ganze Himmel verdunkelte sich. Wir fuhren herum. Götter standen bekanntlich auf beeindruckende Auftritte. Und das hier war keine Ausnahme.

Rauchschwaden wirbelten über den Boden – und aus ihnen entstieg Anteros auf einem Streitwagen, der von metallischen Pferden gezogen wurde. In all der Aufregung hatte ich ihn ganz vergessen. Aber ich war froh. Gleich würde er mich von meinem Leid befreien.

Auf Anteros' Schulter lag eine riesige Armbrust, in die ein furchteinflößender Bolzen eingelegt war.

Star wich zurück. »Was macht dein Onkel hier?« Panisch sah er sich um. »Warte, der ist doch nicht wegen Mimi und Yannick hier? Oh, bitte nicht! Wir haben die gerade erst zusammengebracht. Aphrodite reißt uns den Kopf ab!«

Anteros lachte. »Keine Sorge um deine Verliebten, Hermessohn. Ich bin wegen euch beiden hier. Auf Hinweis meiner lieben Nichte.«

Star wandte sich mir zu, und ich sah zu Boden. Desirée, die ihr Telefonat bei Anteros' Ankunft hektisch unterbrochen hatte, rannte zu uns und packte mich am Arm.

»Valentina, was hast du getan?«

Ich riss mich los. »Vertrau mir, es ist besser so! Star ist in jemand anderen verliebt, und überhaupt ist diese ganze Sache bescheuert. Ich sollte nicht in ihn verliebt sein. Das darf ich nicht. Und ich will es nicht mehr. Es tut so weh. Gleich ist dieser ganze Albtraum endlich vorbei!«

Star wirkte völlig entgeistert. »Valentina, lass mich erklären ...«

Anteros legte an. Ich trat von Star und Desirée weg, so, dass ich genau in Anteros' Schusslinie war und er freie Sicht auf meinen Pfeil hatte. Anteros drückte ab, und ich schloss die Augen.

»Nein!«, donnerte Desirée, und ich hörte den Kies unter ihren Füßen knirschen. Sofort öffnete ich die Augen wieder. Desirée warf sich genau vor mich. Der Bolzen traf sie – und prallte ab. Nutzlos fiel er zu Boden.

Desirée rieb sich die Brust. »Aua! Ich dachte, ich spüre das nicht.« Sie hob den Bolzen auf.

»Desirée«, keuchte ich fassungslos. Ich sah bestimmt genauso bedeppert drein wie Anteros und Star.

»Was fällt dir ein, Sterbliche!«, brüllte Anteros sie an. »Kommst hierher und zerstörst die ganze Mission mit deiner aromantischen Superkraft. Ich glaub, mein Schwein pfeift, zum Hades noch mal!«

»Halt mal die Luft an und lass die beiden das klären, bevor du hier wild rumballerst, du Bolzenheini!«, brüllte Desirée zurück.

Mir fiel die Kinnlade herunter, genau wie Star. Und auch Anteros starrte Desirée an, als wäre sie die Hydra mit rosa Schleifen auf den Köpfen. Dann zog er die Augenbrauen hoch, und ganz langsam breitete sich ein Grinsen auf seinem Gesicht aus.

»Jetzt auch noch einen Gott anschreien? Das muss man sich erst mal trauen. Du gefällst mir immer mehr, Mädchen.« Er blickte zu mir und wartete ab. Ich presste die Lippen zusammen, und die Tränen schossen mir erneut in die Augen. Ich wollte doch nur, dass alles vorbei war und meine Gefühle endlich wieder normal!

Da berührte mich Star an der Schulter und öffnete den Mund, um etwas zu sagen – aber ich konnte seine Erklärungen gerade wirklich nicht ertragen. Also fuhr ich ihn an:

»Ja, ich habe Anteros gerufen, weil nichts funktioniert hat, um mich zu entlieben. Nicht, dich mit Mimi zu verkuppeln. Nicht, dass ich mich auf deine schlechten Seiten konzentriert habe, und nicht mal unser Streit. Iris wusste auch nicht weiter. Also habe ich meinen Onkel gebeten, mir zu helfen. Weil das hier keinen Sinn hat und keine Zukunft. Und schlecht ist für uns beide. Und ich hatte recht, weil du in wen anders verliebt bist. Und deshalb …« Ich wollte mich noch viel mehr um Kopf und Kragen reden, aber ich kam nicht dazu.

Denn plötzlich packte Star mein Gesicht und küsste mich, mitten auf den Mund. Und küssend sprach es sich bekanntlich schlecht.

Ich wusste gar nicht, wie mir geschah. Das … das war ein Kuss! Warum machte er das? Und war das Desirée, die da so quietschte?

Zum Glück wusste der Pfeil in meiner Brust ganz genau, was zu tun war, wenn auch ein paar Millisekunden zu spät. Aber dann trat er seine Arbeit an und wusch eine ganz neue Welle von Gefühlen über mich. Star küsste mich! Star! Ich brannte, ich musste glühend heiß sein. Und dann machte ich das Einzige, was richtig war und was ich wollte: Ich küsste zurück. Schlang meine Arme um seinen Hals und tat all das, was Leute in Liebesfilmen tun. Ganz intuitiv, wie ich feststellte.

Schließlich löste er sich von mir. »Sorry, wollte dich nicht so unterbrechen. Ich hoffe, das war okay und jetzt nicht übergriffig?«

Mir schwirrte der Kopf vor Gefühlen, Verwirrung, Kussnachwirkungen und dem Drang, all das irgendwie zu ordnen. Und zu wiederholen.

»Mehr als okay«, murmelte ich. Fehlte nur noch das debile Grinsen (und so, wie sich meine Mundwinkel anfühlten, war der Zug auf jeden Fall abgefahren).

Ich hörte ein Schnauben von Anteros. »Boah, nee, pfui! Das ist echt das Gegenteil von Entlieben. Ihr beide gehört wohl doch zusammen, ich hau ab!«

Und so schnell, wie er gekommen war, verschwand Anteros mit seinem Wagen und seinen dunklen Rauchschwaden. Es wurde wieder hell.

Langsam konnte ich wieder geradeaus gucken. »Was war das denn eben?«, fragte ich Star.

Star lächelte. »Weißt du, eine der ersten Regeln für Nachwuchsliebesgötter lautet, dass man nicht zu schnelle Schlüsse ziehen sollte.«

Ich runzelte die Stirn. »Jaaa. Weiß ich, Klugscheißer.«

Star holte tief Luft. »Der Pfeil trägt deinen Namen, Valentina. Ich bin in dich verliebt.«

»Waaaas?« Mein Kopf raste. »In mich? Seit wann? Die ganze Zeit schon? Aber wieso? Du warst doch … Häää?«

Fehler, Valentina.exe funktioniert nicht mehr und muss neu gestartet werden.

»Na ja, erinnerst du dich noch an das Aufnahmeritual bei den Nachwuchsgöttern? Als ich damals aufgenommen wurde, hatten wir beide uns vorher mega gestritten, und ich war so sauer, dass ich den ganzen Abend nur davon geredet habe, wie ätzend ich dich finde. Davon war Candy so genervt, dass sie irgendwann meinte: Wenn du an nichts anderes mehr denken kannst als an Valentina, können wir das ins Spiel einbinden. Zack, hat sie einen Pfeil mit deinem Namen auf mich abgeschossen … und das war's dann für mich.« Er lächelte entschuldigend und gequält zugleich. Mein Kopf explodierte.

»So lange bist du schon in mich verliebt?« Ich erinnerte mich an den Streit. Ich war so eifersüchtig gewesen, dass Star die Ausbildung beginnen durfte und ich nicht. Das hatte ich an ihm ausgelassen, obwohl er sich so gefreut hatte, es endlich geschafft zu haben. War wohl nicht gerade fair gewesen. Aber Star war jetzt schon eine ganze Weile Nachwuchsliebesgott. Wollte er mir ernsthaft erzählen, dass er diesen Pfeil schon seit Jahren trug? Mich hatten die letzten Tage schon völlig verrückt gemacht. Wie hatte er das die ganze Zeit ausgehalten?

»Warum ist der Pfeil nicht nach dem Ritual abgebrochen? Das gehörte doch dazu? Oder später? Ich meine – Star, das ist ewig her! Wie lange kann denn bitte unerwiderte Verliebtheit halten?« Bei Menschen brachen Liebespfeile manchmal auch einfach nur, weil sie mit der Zeit spröde wurden und die Liebe verging.

Star zuckte mit den Schultern. »Ich hab den anderen Liebesgöttern weismachen können, dass er gebrochen ist, indem ich einfach weiter über dich geschimpft habe. Viel Ablenkung halt. Ich war auch überrascht, aber es ging nicht, ihn zu brechen. Und mit der Zeit kapierte ich, dass es echt ist. Ein Pfeil, der auf eine Schwärmerei getroffen war. Ich konnte aus gutem Grund an nichts anderes mehr als an dich denken.«

Aus Versehen ineinander verliebt. Wir zwei waren uns wohl doch sehr ähnlich und verdienten einander.

»Bei Liebesgöttern halten die Pfeile länger, das weißt du sicher«, sagte Star.

»Ja, davon habe ich eventuell gehört.«

Plötzlich ergaben so viele Dinge einen Sinn. Dass er gewusst hatte, dass Yannick schon lange heimlich verliebt war und es geklungen hatte, als würde er das Gefühl kennen. Wie überrumpelt er gewesen war, dass ich ihn mit Mimi hatte verkuppeln wollen. Seine Panik bei dem Gedanken, dass man seine Liebesaura sehen könnte. Aber … Moment mal!

»Soll das heißen, du hast dich die ganze Zeit nur wie ein Vollarsch mir gegenüber verhalten, damit die anderen nicht checken, dass du verliebt in mich bist?«

Diese ganzen gemeinen, vorführenden Nachrichten. Die abfälligen, überheblichen Bemerkungen über mich. Und als Krone auf dem Ganzen sein Verhalten in der letzten Zeit. Alles nur, weil er zu feige war, zu seiner Liebe zu stehen?

Star sah zu Boden. »Das wollte ich eigentlich nicht. Ist irgendwie einfach passiert. Ich meine, ich wollte nicht aufdringlich wirken. Und immer, wenn ich dich in Nachrichten hervorgehoben oder mit dir gesprochen habe, dachte ich, dass es jetzt alle checken. Also habe ich versucht, mein Interesse an dir zu vertuschen, indem ich gemein zu dir war. Ich dachte, dann merkt das sicher keiner. Und dann bin ich davon nicht mehr weggekommen. Entschuldige.«

Irgendwie hatte ich ziemlich Mitleid mit ihm, wie er da so bedröppelt vor mir stand. Was für Gedanken er sich die letzten Jahre gemacht haben musste! Und zugegeben, ganz unschuldig war ich auch nicht.

»Mir tut's auch leid«, gab ich zu. »Ich hab ja mitgemacht und zurückgeschossen. Mit allem, was passiert ist, als wir Kinder waren … Und dann deine blöden Sprüche – ich war einfach so eifersüchtig, weil du so gut warst.«

Desirée, die bis hierhin gespannt den liegen gebliebenen Bolzen inspiziert hatte, erhob sich nun und verdrehte die Augen. »Ich seh schon, ihr Liebesgötter seid kein Stück besser als wir.«

»Okay, Desirée, bitte sag jetzt nichts, ich weiß, ich muss mir an die eigene Nase fassen, aber …« Ich holte tief Luft und wandte mich an Star: »Warum hast du denn nicht einfach mit mir darüber geredet?«

Desirée biss sich auf die Zunge und platzte fast, weil sie mir ja auch geraten hatte, genau das zu tun. Aber weil sie eine gute Freundin war, behielt sie es für sich. Ich sah es ihr ja eh an.

Star stopfte die Hände in die Hosentaschen. »Weißt du, ich dachte, wenn ich der Liebe keine Beachtung schenke, vergeht sie irgendwann. Wenn ich sie ignoriere oder mich nicht damit beschäftige, was da gerade für Gefühle in mir sind. Manchmal habe ich sie sogar vergessen.«

Ich spürte einen kleinen Stich in meinem Herz. »Also willst du eigentlich gar nicht in mich verliebt sein?«

Star seufzte tief. Das war eine Reaktion, die ich so nicht erwartet hatte. Als hätte er diese Frage schon kommen sehen. »Nein, so ist das nicht. Ich will schon, aber ... Ich hatte einfach nie das Gefühl, dass ich bereit dafür bin. Dass ich alles weiß und gut genug bin für die Liebe.«

Ich blinzelte. »Noch mal: Liebe ist kein Wettbewerb. Ich dachte, das hätte ich dir vorhin erklärt. Auf Beziehungen gibt es keine Noten.«

Ich hatte gehofft, dass er lachen würde, aber dazu war ihm die Sache zu ernst. »Ich bin ein Liebesgott, Valentina.«

»Ich doch auch.«

»Ja, aber ... Wie gesagt: Ich muss extrahart arbeiten. Der beste Liebesgott der Klasse sein, die kompliziertesten Verliebungen hinbekommen. Sonst wird meine Familie nie glauben, dass ich das kann und es das Richtige für mich ist.« Er zögerte und fügte leise hinzu: »Und ich würde es auch nicht glauben. Ein Liebesgott sollte der perfekte Freund sein. Meine erste Liebe soll perfekt sein. Ich bin schließlich der Experte. Und wenn ich das noch nicht kann, dann sollte ich es lieber lassen. Ich weiß nicht, ob ich schon bereit dafür bin, mit dir zusammen zu sein.«

Mein Herz machte einen Sprung, als er sagte, dass er eigentlich mit mir zusammen sein wollte. Aber diesmal gewann tatsächlich mein Verstand. Es war furchtbar, dass er so dachte. Dass er sich solchen Druck machte. Nicht nur bei seiner Ausbildung – sondern auch bei seiner ganz persönlichen Liebe. Jetzt verstand ich, warum er eine so krasse Meinung über die erste Liebe hatte. Aber das Gute war: Das war mein Spezialgebiet. Hier konnte ich helfen.

Ich legte ihm die Hand auf die Wange. »Star, die erste Liebe muss nicht perfekt sein. Das habe *ich* dir schon mal gesagt. Und auch keine Beziehung ist gleich perfekt. Kann sie nicht sein. Muss sie auch nicht. Ist doch noch kein Meister vom Olymp gefallen. Noch mal: Wenn du es nicht ausprobierst, dann kannst du nicht besser werden, oder?«

Star war nicht überzeugt, das sah ich. Er zögerte. Dachte über meine Worte nach.

Ich beugte mich zu ihm. »Ich komme aus einer Familie von Liebesgottheiten, die seit Tausenden Jahren in verschiedensten Beziehungen sind. Die müssten das alles also am besten können. Aber weißt du, die verkacken das andauernd. Immer noch. Sie versuchen es trotz allem immer wieder. Weil sie wissen, dass nichts perfekt ist in der Liebe. Das ändert nichts an ihren Fähigkeiten als Liebesgötter. Und du bist auch ein verdammt guter Liebesgott, Star. Wirklich! Setz dich selbst nicht so unter Druck. Und vor allem: Ist doch total egal, ob die anderen dir das nicht zutrauen oder glauben, es sei nicht das Richtige. Du weißt es besser! Es ist *dein* Leben.«

Star kratzte sich am Kopf. »Stimmt schon. Besonders das mit den Liebesgöttern. Trotzdem, ich hasse es, wenn ich etwas nicht gut kann.«

Ich wiegte den Kopf hin und her. »Kann ich verstehen. Und ich akzeptiere es total, wenn du dir unsicher bist und das nicht willst. Doch wenn du dich mit mir auf dieses Abenteuer einlassen willst, diese erste Liebe, dann helfe ich dir. Wir machen ganz langsam und nur so, wie du dich wohlfühlst.«

Es war ein hohes Risiko, denn natürlich wollte ich ganz doll und unbedingt mit Star zusammen sein. Aber es brachte nichts, wenn ich ihn zwang. Es musste ihm gut gehen. Sonst wären wir am Ende beide unglücklich. Er sah noch immer zögerlich aus. Dann lächelte er und nahm meine Hände. »Eigentlich hab ich ganz schönes Glück. Meine erste Liebe ist gleichzeitig die Göttin der ersten Liebe.« Er wurde ernst. »Das wäre für dich okay? Wenn wir es langsam angehen?«

»Natürlich.« Er strahlte, und ich strahlte zurück. Iris hatte recht gehabt. Manchmal war es einfach Bestimmung. In diesem Fall passten unsere Unvollkommenheiten perfekt zueinander. Wir ergänzten uns. Und das machte mich so glücklich, dass ich Star sofort einen weiteren Kuss auf den Mund drückte, und er küsste zurück. Unbeholfen und zögerlich. Alles andere als perfekt. Und das amüsierte mich so sehr, dass ich laut loslachte.

Er sah mich verwundert an. »Was?«

Das brachte mich nur noch mehr zum Lachen. »Ja, daran müssen wir noch etwas arbeiten.«

Star gab einen Laut von sich wie ein Welpe, dem man auf den Schwanz getreten war. »Sagst du mir gerade, dass ich schlecht küsse? Oh Götter, das darf doch nicht wahr sein. Ich weiß, wie man küsst. Also, theoretisch. Ich hab alles darüber gelesen, und nun sagst du mir, ich kann das nicht?«

Jetzt sah er mich mit seinen hermesblauen Augen auch noch wie ein verletzter Welpe an. Oje, da hatte ich meinen Freund ja schon gleich in eine Krise gestürzt. Irgendwie süß. Moment mal – hatte ich ihn gerade »meinen Freund« genannt? Wow. Das hörte sich krass an. Und gut. So richtig gut!

Ich strich ihm übers Gesicht. »Nein, nein, alles gut. War ja jetzt erst das zweite Mal. Oder? Also, für mich zumindest. Woher soll man das einfach können?« Das Flaschendrehen, an dem er sich früher beteiligt hatte, ignorierte ich mal ganz absichtlich.

Star zögerte und lachte dann. »Stimmt.«

»Siehst du, wir üben einfach gemeinsam.« Das freche Grinsen konnte ich mir nicht verkneifen.

Star legte den Arm um mich. »Gemeinsam. Und ich würde es mit niemandem lieber tun.«

Mein Strahlen musste ziemlich bekloppt aussehen, während mein Herz heiß und fröhlich tanzte und ich alles Positive gleichzeitig fühlte. Freude, Aufregung, Liebe, Erleichterung. Wie konnten denn so viele Gefühle gleichzeitig in einen Menschen – oder eine Göttin – passen? Ich musste mich an Star festhalten, um vor diesen ganzen Gefühlen nicht umzukippen. Liebesgötter fühlten Liebe natürlich viel stärker als Menschen. Ich glaube, es war einfach ein Überlebensmechanismus, dass wir unsere eigene Liebesaura nicht wahrnehmen konnten. Damit unser Herz nicht einfach explodierte.

»Oh Mann, ihr seid so zuckersüß verklebt vor Verliebtheit, dass mir ein kleines bisschen schlecht wird.« Desirée saß auf einer Treppenstufe und hatte den Kopf auf ihren Händen abgestützt. Doch sie lächelte, also wusste ich, dass sie es nicht ganz ernst meinte.

»Haha«, rief ich. »Du musst ja nicht zugucken.«

Desirée streckte sich. »Hey, ihr solltet mir dankbar sein, dass ich da war. Ohne mich und meine *aromantischen Superkräfte*, wie Anteros das genannt hat, wärt ihr jetzt nicht verliebt, sondern furchtbar unglücklich von Liebeskummer zerfressen. Gern geschehen.« Sie überlegte. »Ich sollte mir vielleicht ein Cape zulegen. Aro-girl rettet die Welt. Wäre doch ein mega Superheldenfranchise.«

Ich lachte. »Recht hast du. Danke, Desirée, dass du es besser wusstest als wir.«

Star nickte. »Danke.«

Desirée machte ein süffisantes Gesicht »Tja, euch Liebesgöttern mit verliebten Hirnen kann man selten trauen.« Sie lehnte sich zurück. »Was würdet ihr Götter nur ohne uns Sterbliche machen?«

Star hob die Augenbrauen. »Wir wären arbeitslos. Und hätten viel Zeit. Auch nett.«

Ich sah ihn an. »Könnten mehr küssen.«

Star wurde etwas rot. Desirée klatschte sich die Hand vors Gesicht und stöhnte. »Und ich dachte, ich hätte endlich eine Freundin, die nicht die ganze Zeit ans Rumknutschen denkt.« Sie ließ die Hand sinken. »Spaß beiseite, ich freue mich mega für euch.« Sie stand auf und drückte uns beide ganz fest. Star hatte jetzt wohl eine neue menschliche beste Freundin. Auch wenn Desirée ihm leise zuflüsterte: »Wenn du ihr wehtust, brech ich dir die Beine.«

Star nickte ernsthaft. Selbst er verstand, dass mit besten Freundinnen nicht zu spaßen war.

Desirée löste sich von uns. »Jedenfalls bin ich froh, dass dieses Liebesdrama um euch endlich vorbei ist und wir vielleicht ein kleines bisschen Ruhe haben und mal chillen können.«

Das hoffte ich auch.

In dem Moment hörten wir ein vertrautes Flattern, gefolgt von einem elendigen, sehr lauten Wehklagen. Kurz darauf landete Bussi neben uns – und wenn ihr jemals eine Möwe heulen gehört habt, wisst ihr: Das ist nicht schön.

»Valentinaaaaa, es ist schrecklich. Du hattest recht!«, schrie er und warf sich theatralisch auf den Boden, die Flügel von sich gestreckt.

Wir anderen tauschten einen verwirrten Blick.

»Äh, was ist denn los?«, fragte ich.

Ein lautes Schluchzen war seine Antwort. »Hildegard hat mich verlassen. Ich habe sie so geliebt, ich werde nie wieder glücklich sein.«

Desirée stöhnte auf. »Ist das euer Ernst? Wollt ihr mich verarschen? Ich pack das nicht. Irgendwer, der nicht an Liebe denkt? Wo ist eigentlich Anteros hin? Hey, Anteros, komm zurück! Ich find Liebe auch ätzend!«

Und weil es so schön dramatisch war, marschierte Desirée nun höchst beleidigt vom Hof, während sie laut den Namen meines Onkels rief.

Ich tätschelte Bussi sanft den Kopf. »Bussi, das tut mir sehr leid.«

Star beugte sich ebenfalls runter und zog einen kleinen Muffin aus der Tasche – wie er sie immer dabeihatte, um Bussi zu bestechen. »Hier, was zum Aufmuntern.«

Sofort war Bussi wieder auf den Beinen und der Kummer vergessen. Er schnappte sich den Muffin. »Du bist der Beste, Star. Und ich werde dir auch ganz bestimmt nie auf den Kopf kacken!«

Star sah mich fragend an, aber ich winkte ab. Die Geschichte war zu lang.

Allerdings fiel mir da noch etwas ein. »Sag mal, Star, wenn du schon so lange verliebt in mich bist – wie kommt es, dass ich deinen Pfeil nie gesehen und auch keine Liebesaura bei dir gespürt habe?«

Star wurde ein bisschen rot. »Na ja, ich wollte natürlich nicht, dass die ganzen Liebesgottheiten – vor allem du – das merken. Also habe ich mir Hilfe geholt. Vermutlich genau wie du.«

Es dauerte einen Moment, bis ich verstanden hatte. »Amor?«, rief ich. »Du warst bei meinem Vater?«

Star nickte.

»Paps hat die ganze Zeit gewusst, dass du in mich verliebt bist? Und nichts gesagt?«

Star zuckte mit den Schultern. »Anscheinend. Hätte uns viel Ärger erspart.«

Und wie. Unfassbar. »Das kriegt der so was von zurück.«

Ich war die Enkelin des Kriegsgottes Ares, ich konnte auch anders!

Kapitel 26

LOVE IS IN THE AIR

Aphrodite war außerordentlich zufrieden mit unserer Leistung, als wir am nächsten Tag vor ihr saßen und berichteten. Wir gaben uns wirklich Mühe, dabei nicht zu verliebt auszusehen. Schließlich waren wir Profis und uns einig: »Privates sollte nie mit Geschäftlichem vermischt werden«. Zumindest nicht öffentlich. Denn wir waren uns auch einig, dass Anteros recht hatte: Verliebte Liebesgötter waren bessere Liebesgötter.

»Seht ihr, es zahlt sich aus, wenn ihr zusammenarbeitet«, sagte Aphrodite lächelnd. »Habe ich die ganze Zeit gewusst. Ihr seid euch sehr ähnlich, aber auch so unterschiedlich, dass ihr euch gut ergänzt. Und am wichtigsten ist: Euch beiden liegt die Liebe sehr am Herzen.«

Star und ich grinsten einander an, und wir mussten dagegen ankämpfen, einfach die Hand des anderen zu nehmen. »Ja, das stimmt«, antwortete ich. »Wir sind ein super Team.«

Aphrodite klatschte in die Hände. »Genau deshalb würde ich vorschlagen, dass ihr auch bis auf Weiteres an dieser Schule zusammenarbeitet. Das scheint gut für euch und auch die Schülerinnen und Schüler dort zu sein. Ich hoffe, das ist in eurem Sinne?«

Von diesem Vorschlag waren wir einigermaßen überrascht. Ehrlich gesagt hatten wir damit gerechnet, dass Star bald wieder zu seinem eigentlichen Aufgabengebiet zurückkehren würde. Wir hatten schon alles besprochen, von wegen teilweiser Fernbeziehung und wie wir das schaffen würden. Aber das war natürlich noch besser. So könnten wir einfach ein ganz normales verliebtes Pärchen sein. Und da freute ich mich riesig drauf.

Wir nickten beide. »Ja, das ist genial!«

Aphrodite lächelte. »Sehr gut. Eure nächste Aufgabe folgt dann bald.«

Wir erhoben uns und konnten unsere Freude nicht verbergen. Wir hatten es geschafft!

»Eins noch«, rief Aphrodite, während wir uns zum Gehen wandten. Wir drehten uns verwundert um. Sie zeigte nacheinander auf uns beide. »Glaubt ihr wirklich, dass ich eure Beziehung nicht bemerke? Ich bin die oberste Göttin der Liebe, mir entgeht gar nichts!«

Star und mir schoss die Röte ins Gesicht. Ja, das war wahrscheinlich ein bisschen naiv gewesen.

Aphrodite hob mahnend den Finger. »Also, das ist wirklich gut für euch, immerhin ist das alles Erfahrung, die euch helfen wird. Aber wehe, es kommt der Arbeit in die Quere, da verstehe ich keinen Spaß.«

Gerade sie war genau die Richtige, um das zu sagen. »Versprochen, Oma.«

»Nenn mich noch mal Oma, und ich schicke Star zum Verlieben in die Arktis!«, knurrte sie. Ich presste die Lippen zusammen, um nicht loszulachen. Der Witz wurde echt nie alt. Im Gegensatz zu Aphrodite.

»Noch etwas!«, rief sie kurz darauf, und wieder stoppten wir auf dem Weg nach draußen. Und zum ersten Mal seit langer Zeit breitete sich ein ernsthaftes und sehr, sehr glückliches Lächeln auf dem Gesicht meiner Großmutter aus. »Ich freue mich sehr für euch und wünsche euch alles Gute. Ihr passt toll zusammen. Das wusste ich schon immer.«

Mein Herz schlug schneller bei ihrem Kompliment. Star nahm meine Hand und drückte sie fest, bevor wir aus dem Raum gingen.

Ich tippte ihn an, weil mir noch etwas einfiel. »Was hast du eigentlich da mit deinem Handy gemacht, bei Yannick und Mimi?«

Star grinste sein mir so bekanntes, überhebliches Grinsen – doch hatte ich es früher gehasst, liebte ich es jetzt an ihm. Er zog sein Handy hervor und öffnete seine App. »Ein kleiner Liebesgöttertrick – eine gezielte Nachricht aufs Handy, im exakt richtigen Moment.«

Offenbar hatte er dafür gesorgt, dass Yannick ein Newsartikel angezeigt worden war mit der Schlagzeile: »Warum ich ihr in genau diesem Moment meine Liebe gestehen sollte«

Ich zog die Augenbrauen hoch. »Und das hat gereicht, um ihm Mut zu machen?«

»Ja, klar.« Star steckte das Handy weg. »Und vielleicht, dass die Nachricht mit mutmachender Liebesmagie verstärkt war.«

»Mit was, bitte?«

Er zwinkerte mir zu. »Lernst du nächstes Jahr.«

Ich boxte ihm gegen den Arm. »Du blöder Angeber.«

Er hob abwehrend die Hände und lachte. »Hey, wenigstens haben wir dadurch für diese Mission eine Eins bekommen.«

Ich strich ihm sanft die Haare aus dem Gesicht. »Ja, und ich sogar eine mit Stern.«

Star verdrehte die Augen. »Boah, ich glaub, ich überleg mir das mit dieser Beziehung noch mal.«

In dem Moment kamen Amor und Hermes um die Ecke und taten so, als wären sie rein zufällig hier und hätten nicht gelauscht oder auf uns gewartet. Sie lehnten sich viel zu auffällig unauffällig an die Wand.

»Ach, ihr seid schon fertig«, merkte Paps an. »Und, wie war's?«

Star und ich hatten beschlossen, unsere Väter ein bisschen zappeln zu lassen. Als Strafe.

»War gut. Alles in Ordnung«, sagte Star knapp.

»Japp, alles bestens«, pflichtete ich ihm bei, und wir marschierten mit deutlichem Abstand zwischen uns an ihnen vorbei.

Sofort folgten unsere Väter uns.

»Und sonst noch was, was ihr uns erzählen wollt?«, fragte Amor.

Star und ich hatten den Liebeszauber, der die Pfeile verdeckte, wieder aktiviert – Aphrodite hatte uns zwar ertappt, aber Paps würde nicht durchschauen können, ob wir jetzt zusammen waren oder nicht.

»Irgendetwas Neues? Über eure Zusammenarbeit? Oder so?«, wollte Hermes wissen.

»Nö, absolut gar nichts«, antwortete ich, während Star und ich auf meine Zimmertür zusteuerten.

Unsere Väter platzten fast vor Neugier, und das machte das Ganze so unfassbar witzig, dass wir echt an uns halten mussten.

»Und jetzt entschuldigt uns, wir müssen dringend Hausaufgaben machen«, sagte ich, als wir an meiner Zimmertür ankamen.

»Ja, Valentina braucht ein bisschen Nachhilfe, haben ihre Lehrer gesagt«, pflichtete Star mir bei. Diese Spitze würde er garantiert irgendwann zurückbekommen!

»Oh, okay«, sagte Amor. »Dann, äh, lasst euch nicht stören. Wir sind hier, falls ihr was braucht!«

Ich schloss die Tür vor ihrer Nase – ging aber sicher, dass sie ganz langsam zufiel. Und genauso langsam ging ich auf Star zu. Ich merkte aus dem Augenwinkel, wie unsere Väter sich die Hälse verrenkten, um durch den Türschlitz zu spähen. Immer näher kam ich an Stars Gesicht und er an meines. Aber erst als die Tür ins Schloss gefallen war, küssten wir uns.

Ein enttäuschtes Stöhnen war von außen zu hören.

»Da läuft sicher was! Ich merk das doch«, sagte Hermes.

»Ja, ohne Zweifel«, pflichtete Amor ihm bei. »Was meinst du, wie lange bleiben die zusammen?«

»Na, hoffentlich bis zu ihrer Hochzeit«, antwortete Hermes. Wir hörten, wie die Schritte unserer Väter sich entfernten.

»Glaubst du, das gibt noch Drama?«, fragte Hermes.

Amor schnaubte. »Natürlich gibt es das! Es sind unsere Kinder!«

Etwas, was ich definitiv nicht ausschließen konnte. Aber hey, auch das würden Star und ich schon hinbekommen. Ich schlang meine Arme um seinen Hals, und er zog mich an sich, während wir uns weiterküssten. Selbst wenn es schwierig werden würde und wir uns stritten – und es würden sicher solche Momente kommen –, dann war das okay. Denn Liebe war nicht perfekt und trotzdem gut. Das wussten wir besser als alle anderen. Immerhin waren wir zwei Profiliebesgötter!

Danksagung

Im ersten Band von »Valentina Amor« war meine Ursprungsfrage: »Was passiert eigentlich, wenn ein Liebesgott Liebeskummer hat?« Hier, im zweiten Band, wollte ich mich nun der gegenteiligen Frage widmen: »Was passiert eigentlich, wenn sich eine Liebesgöttin verliebt?« Und seien wir ehrlich – uns allen war nach dem ersten Band doch klar, wessen Name auf Valentinas Liebespfeil stehen würde.

Wie immer muss ich dem fantastischen Team von Schneiderbuch danken, besonders meiner Lektorin Maike, weil du immer weißt, was meine Bücher noch brauchen, und immer eine Lösung hast, wenn diese pinke Autorin sie nicht findet. Und das ist meistens sehr, sehr lustig.

Meinen Agentinnen Paula und Diana, weil ihr mir immer den Rücken stärkt und für mich wie Löwinnen kämpft, damit ich mich auf die Gefechte auf dem Papier konzentrieren kann.

Meiner Mama, weil du allen ins Gesicht reibst, dass deine Tochter Autorin ist.

Meinem Bruder Raphael, weil du sogar all deinen Kumpels aus dem Buch vorgelesen hast. Und das sind wirklich sehr harte, bärtige Typen.

Annika, weil du dem Leben mit so viel Stärke trotzt, deine Liebe dir Halt gibt und du nicht nur ein Fan bist – sondern ein Teil meiner Geschichte.

Johanna, weil du immer coole Ideen hast, auf die ich gar nicht komme und die meinen Kopf aufmachen.

Jonas, weil du meine Lautstärke aushältst.

Julius Artemis, weil du mich ganz cool findest. Aber mal ehrlich, wer nach einer Gottheit benannt ist, ist selber der Coolste.

Thomas, Ina, Lea und Alois, weil ich bei euch jede Sekunde so viel Liebe spüre und mich immer frage, wie ich das verdient habe.

Dorthe, für die Tausenden Stunden Sprachnachrichten und dass Valentina anscheinend einen großen Impact hatte.

Kirby, weil meine Bücher dich immer zum Nachdenken anregen, auch wenn ich das gar nicht erwarte.

Maren, weil du das Buch als Erste in einem Rutsch durchgesuchtet hast.

Tina, Nils, Lisa und Sofia, weil ihr auch hier wieder wahnsinnig stolz auf mich seid.

Frank und Matthias, weil ihr Valentina die erste, große und beste Bühne in eurem Garten gegeben habt, inmitten lauter Rosen und passend pinken Dixi-Klos.

Sarah, weil du mich dabei wie meine größte Cheerleaderin unterstützt hast.

Kaiken, weil du und deine Familie meine größten Fangirls sind.

Meinem großartigen Jahrgang von Animation Sans Frontières, die mit mir mitten in Paris die beste Buchrelease-Party gefeiert haben, die man sich wünschen kann.

Und ganz besonders euch allen. Euch Leser*innen, die ihr durch den ersten Band in nur einer Sitzung flogt, laut lachtet und Möwenfans wurdet. Ihr, die ihr die Liebe liebt und mir sagt, wie viel euch die Figur Desirée bedeutet. Dass ihr Valentina so sympathisch findet. Ihr gebt meinen Büchern eine Bedeutung.

Viel Liebe an euch alle.